3273

CATALOGUE
DES LIVRES
DE LA BIBLIOTHEQUE
DE M. LE RICHE
DE LA POUPELINIERE,
FERMIER GÉNÉRAL.

CATALOGUE
DES LIVRES,
DE LA BIBLIOTHEQUE
DE M. LE RICHE
DE LA POUPELINIERE,
FERMIER GÉNÉRAL.

Dont la vente se fera en détail au plus offrant & dernier enchérisseur, le Jeudi 28 Juillet & jours suivans, en sa maison rue de Richelieu, vis-à-vis la Bibliothéque du Roy.

A PARIS,
Chez PRAULT petit-fils, Libraire, Quai des Augustins, la deuxiéme Boutique au-dessus de la rue Gist-le-Cœur, à l'Immortalité.

M. DCC. LXIII.

CATALOGUE
DES LIVRES
DE LA BIBLIOTHEQUE
DE M. LE RICHE DE LA POUPLINIERE,
FERMIER GÉNÉRAL.

THÉOLOGIE.

1. Biblia Sacra vulgatæ editionis Sixti V. juſſu recognita atq. edita. *Colon. Agrip.* 1634. *in*-12.   2. 15
2. La Sainte Bible, contenant le vieil & Nouveau Teſtament, traduite en françois par les Théologiens de l'Univerſité de Louvain. *Paris*, 1683. *in-fol.*   18. 2
3. Hiſtoire du vieux & du nouveau Teſta-   53.

THEOLOGIE.

ment enrichie de plus de quatre cent figures en taille-douce, (par Martin) *Amst. Mortier.* 1700. 2 *vol. in-fol.* G. P.

2.10 4. La Morale de Salomon, contenant ses Proverbes, l'Ecclésiaste, & la Sagesse, paraphrasés en françois par Madame Marie Éléonore de Rohan, Abbesse de Malnoue. *Paris,* 1691. *in* 12.

—5. L'Office de la Semaine Sainte à l'usage de la Maison du Roi. *Paris,* 1727. *in-*8°. *mar. rouge.*

3.1 6. Les Provinciales ou les Lettres écrites par Louis de Montalte, (Bl. Pascal) à un Provincial de ses amis & aux R R. PP. Jésuites. *Cologne, in-*12.

2.. 7. L'Esprit de M. Arnaud. *Deventer,* 1684. 2 *vol. in-*12.

1.15 8. L'Imitation de Jesus-Christ, trad. nouvelle, par l'Abbé D. R. *Paris,* 1719. *in-*12.

1.. 9. Traité de la Correction fraternelle. *Paris,* 1676. *in-*12.

—10. De la sainteté & des devoirs de la vie Monastique. *Paris,* 1683. *in-*4°.

6.. 11. Lettres sur divers sujets de Morale & de Piété. *Paris,* 1708. *in-*12.

—12. Pensées de M. Pascal sur la Religion

THÉOLOGIE.

& fur quelques autres fujets. *Paris*, 1670. *in-*12.

13. La Religion Chrétienne prouvée par les faits, par l'Abbé Houtteville. *Paris*, 1722. *in-*4°.

14. Lettres à M. l'Abbé d'Houteville, au fujet du Livre de la Religion Chrétienne. *Paris*, 1722. *in-*12.

15. Seconde Lettre Apologétique du fieur Franc. Vernet nouv. converti à la Religion Cathol. Apoft. & Rom. *Avignon*, 1741. *in-*12.

16. Entretiens de Maxime & de Themifte, ou Réponfe à l'examen de la Théologie de Bayle, par Jaquelot. *Roterd.* 1707. *in-*12.

17. Ebauche de la Religion naturelle, par Wollafton traduite de Langlois *la-Haye*, 1726. *in-*4°.

18. L'Alcoran de Mahomet, tranflaté d'Arabe en françois, par le fieur du Ryer. *Paris*, 1647. *in-*4°.

19. La Religion des Mahometans, tirée du latin de Reland, & augmentée d'une confeffion de foi Mahometane. *la Haye*, 1721. *in-*12.

A ij

JURISPRUDENCE.

20. L E Droit de la Guerre & de la Paix, par Grotius, traduit par Courtin, *Amst.* 1688. 3 *vol. in*-12.
21. Histoire du Droit Public, Ecclésiastique François, par M. D. B. *Lond.* 1737. 2 *vol. in*-12.
22. Traité de l'Autorité des Rois touchant l'administration de l'Eglise, par M. Talon. *Amst.* 1700. *in*-8°. *broch.*
23. Histoire de l'Origine des Dixmes, des Bénéfices & des autres biens temporels de l'Eglise. *Paris*, 1689. *in*-12.
24. Histoire de l'Origine & du Progrès des revenus Ecclésiastiques, par Jérôme Acosta. *Basle*, 1706. 2 *vol. in*-12.
25. Discours Dogmatique & Politique sur l'origine, la nature, les prétendues immunités & la véritable destination des biens Ecclésiastiques, traduit de l'Italien de François Paolo. *Avignon*, (*Paris*) 1750. *in*-12.
26. Traité des Bénéfices, du même. *Amst.* 1689. *in*-12.
27. — Le même. *Amst.* 1706. *in*-12.

JURISPRUDENCE.

28. L'Esprit de Gerson. 1691. in-12. 15
29. Lettres ne repugnate. *Lond.* (*Paris*) . 12
   1750. in-12.
30. Mémoire Théologique & Politique 2..
   au sujet des mariages clandestins des
   Protestans de France. (*Paris*) 1756.
   in-8°.
31. Traité des Droits Honorifiques, par 4. 10
   Maréchal, *Paris*, 1740. 2 vol. in-12.
32 Code des Chasses. *Paris*, 1720. 2 vol.
   in-12.
33. Mémoire signifié par le sieur Sarrau 1..
   de Vahiny, Secrétaire Général des
   Galeres, contre Messire Jean Philippes
   d'Orléans, Chevalier d'Orléans, Grand
   d'Espagne, Général des Galeres du
   Roi, &c. in-4°.
34. Mémoire pour le sieur de la Bour- 24. 12
   donnais, avec les piéces justificatives,
   Paris, 1750. 2 vol. in-4°.
35. Mémoire pour le sieur Dupleix,
   contre la Compagnie des Indes, avec
   les piéces justificatives. *Paris*, 1759.
   in-4°.
36. Causes Célebres & intéressantes, 46...
   avec les Jugemens qui les ont déci-
   dées. (par Gayot de Pitaval) *Paris*,
   1739. 20 vol. in-12.

JURISPRUDENCE.

37. Déclaration du Roi, faifant bail des Fermes Générales des Domaines, Gabelles, Salines, Tabacs & autres droits de Lorraine & Barrois, à L. Dietrich. pour fix années. *Nancy*, 1750. *in-4°. mar. roug.*

38. Recueil des Edits, Déclarations & Lettres-patentes du Roi fur le fait des Gabelles. *Rouen*, 1723. *in-12.*

39. Inftruction & Ordre de travail aux Controlleurs Généraux des Fermes pour ce qui concerne la partie du Tabac. *Paris*, 1731. *in-12.*

40. Mémoires fur l'origine & perception des Droits dans le département de Provence. *in-4°. M. S.*

41. Expofition abregée du Plan du Roi pour la réformation de la Juftice, par M. Formay. *Berlin*, 1748.

SCIENCES ET ARTS.

42. ENCYCLOPÉDIE, ou Diction- 220. naire raisonné des Sciences, des Arts & Métiers, par une Société de gens de Lettres, mis en ordre & publié par M^{rs}. Diderot & Dalembert. *Paris*, 1751. *& suiv.* 7 *vol. in-fol.*
43. Histoire Critique de la Philosophie, 3.10 par M. D. (Deslandes) *Lond.* (   ) 1742. 3 *vol. in-*12.
44. Abregé de la Philosophie de Cassendi. 1.10 Lyon, 1688. 8 *vol. in-*12. *manque le troisiéme.*
45. Discours de la Méthode pour bien conduire sa raison & chercher la vérité dans les Sciences par R. Descartes. *Paris*, 1668. *in-*4°.
46. Cours Abregé de Philosophie par 3.. Aphorismes, auquel on a joint le mécanisme de l'esprit, par le Sage. *Geneve*. 1718.
47. Bibliotheque des Philosophes, par Gautier. *Paris*, 1723. 2 *vol.* 8°.
48. La Logique ou l'Art de Penser. *Amst*, 1.. 1697. *in-*12.

PHILOSOPHIE-MORALE.

2.5 49. Les Caracteres de Théophraste, trad. du Grec avec les caracteres ou les mœurs de ce siécle par M. de la Bruyere. *Paris*, 1700. 2 *vol. in*-12.

2.15 50. Le Spectateur Anglois ou le Socrate Moderne, trad. de l'Angl. de Ric. Stele. *Paris*, 1722. 4 *vol. in*-12.

2.. 51. Le Misantrope contenant différens discours sur les mœurs du siécle. *la Haye.* (*Trévoux*) 1742. 2 *vol. in*-12.

1.15 52. Considérations sur les mœurs de ce siécle, par M. Duclos. *Paris*, 1751. *in*-12.

1.10 53. Les Caracteres, par Madame de Puysieux. *Lond.* (*Paris*) 1750. 2 *vol. in*-12.

4.. 54. Discours sur l'origne & les fondemens de l'inégalité parmi les hommes, par J. Jacques Rousseau. *Amst.* 1755. *in*-8°.

1.. 55. De la connoissance de soi-même, *Paris*, 1694. *in*-12.

— 56. Suite de la Civilité françoise, *Paris*, 1680. *in*-12.

SCIENCES ET ARTS.

57. Inſtruction pour une jeune Princeſſe, ou idée d'une honnête femme. *Paris*, 1684. *in-12*.
58. Nouvelles Inſtructions pour l'éducation des Enfans. *Amſt.* (*Rouen*) 1699. *in-12*.

POLITIQUE ET COMMERCE.

59. Tutte le opere di Nic. Machiavelli. 1550. *in-4°*.
60. Praxis Politicæ Sapientiæ, pars tertia & quarta. *Francofurti*, 1612. *in-4°*.
61. Le Droit public de l'Europe. *la Haye*, 1746. 2 *vol. in-12*.
62. Le Prince de Fra Paolo, ou conſeils politiques adreſſés à la Nobleſſe de Veniſe, trad. de l'Ital. *Berlin*, (*Paris*) 1751. *in-12*.
63. La Pratique de l'Education des Princes, par Varillas. *Paris*, 1684. *in-4°*.
64. Ariſtipe, ou de la Cour, par de Balzac. *Paris*, 1658.
65. L'Homme de Cour de Balthazar Gracian, trad. & comment. par Amelot de la Houſſaye. *Paris*, 1687. *in-12*.

66. Lettres fur l'efprit de Patriotifme, trad. de Langl. (par M. le Comte de Biffy) *Lond. (Paris)* 1750. *in* 8°.

67. Difcours Politiques de M. Hume, trad. de Langl. *Amft. (Paris)* 1754. 2 *vol. in*-12.

68. Expofition des Droits de Sa Majefté Catholique aux Etats poffedés par l'Empereur Charles VI. avec la réponfe de la Cour de Vienne & la réfutation de cette réponfe. 1742. *in*-4°. *br.*

69. Le Politique Danois ou l'ambition des Anglois, démafquée par leurs Pirateries. *Coppenhague. (Paris)* 1756. *in* 12.

70. Projet d'une Dixme Royale, par M. de Vauban. 1707. *in*-12.

71. L'Efprit des Nations. *la Haye. (Rouen)* 1753. 2 *vol. in* 12.

72. Hiftoire du Commerce & de la Navigation des anciens. *Paris*, 1716. *in*-12.

73. Traité de Paix & de Commerce, Navigation & Marine entre la France & les Etats Généraux des Provinces Unies des Pays-bas, conclus à Nimegue le 10 Août 1678. *Paris.* 1678. *in*-4°.

74. Dictionnaire Univerfel de Com-

merce, par Savary, *Paris*, 1723. 3 *vol. in-fol.*

75. Tréfor du Commerce, traduit de 3..
l'Angl. de Th. Mun. *Paris*, 1700. *in-*12.

76. Traité Général du Commerce, par
Samuel Ricard, & augm. par Henri
Defaguliers. *Amft.* 1721. *in-*4°.

77. Traité de la Pratique des billets en- 2. 5
tre les Négocians. *Mons*, 1684. *in-*12.

78. La Nobleſſe commerçante, (par
l'Abbé Coyer) *Paris* 1756..... La No-
bleſſe Militaire, ou le Patriote Fran-
çois, (par M. le Chevalier d'Arcq)
Paris, 1756. *in* 12.

79. Remarques fur les avantages & les 1..
defavantages de la France & de la
Grande Bretagne, par rapport au com-
merce, trad. de Langl. du Chevalier
Nickols. *Leyde*, (*Rouen*) 1754. *in-*12.

80. Lettre écrite à un Actionnaire de la 1. 19
Compagnie des Indes Orientales d'An-
gleterre, avec l'Anglois à côté. *Lond.*
1750. *in* 8°.

81. Doutes propofés à l'Auteur de la
Théorie de l'Impôt. (*Paris*) 1761.
*in-*4°. *br.*

MÉTAPHISIQUE ET PHISIQUE.

7.4 82. Essai Philosophique concernant l'entendement humain, trad. de l'Angl. de Lock par Coste. *Amst.* 1729. *in-4°.*

3.12 83. Traité Philosophique de la foiblesse de l'esprit humain, par M. Huet. *Amst.* 1723. *in-12.*

6.10 84. De la Recherche de la Vérité, par Mallebranche. *Paris,* 1712. 4 *vol. in-12.*

3.19 85. Traité de la Nature & de la Grace, par le même. *Roterd.* 1703. *in-12.*

— 86. Examen des Préjugés vulgaires pour disposer l'esprit à juger sainement de tout. *Paris,* 1704. *in-12.*

5.10 87. Essai sur les erreurs populaires, trad. de l'Angl. de Th. Brown. *Paris,* 1733. 3 *vol. in-12.*

2.10 88. Explication nouvelle & méchanique des actions animales, où il est traité des fonctions de l'ame. *Paris,* 1688. *in-12.*

— 89. Traité des Sens, par Lecat, Docteur en Médecine. *Rouen,* 1740. *in-8°.*

2.10 90. — Le même. *Rouen,* 1742. *in-8°.*

3... 91. L'Interprete de la Nature, par Fran-

SCIENCES ET ARTS.

çois Silatant. *Laval*, 1655. *in*-4°.

92. Traité des Sensations, par M. l'Abbé de Condillac. *Paris* 1744. 2 *vol. in*-12.

93. Explication des fonctions de l'ame sensitive, par Lamy. *Paris*, 1677. *in*-12.

94. Introduction à la connoissance de l'esprit humain. *Paris*, 1746. *in*-12.

95. Médecine de l'esprit, par Antoine le Camus. *Paris*, 1753. 2 *vol. in*-12.

96. Essai sur les connoissances humaines. *Amst.* 1746. 2 *vol. in*-12.

97. Le Comte de Gabalis. *Amst.* 1715. *in*-12.

98. Traité de Physique, par Rohault. *Paris*, 1672. 2 *vol. in*-12.

99. — Le même. *Paris*, 1686. 2 *vol. in*-12.

100. Élémens de la Philosophie de Newton, donnés par M. de Voltaire. *Lond.* 1738. *in*-8°.

101. Conjectures Physiques, par Nicolas Hartsœker. *Amst.* 1707. *in*-4°.

102. Expérience Physique de Poliniere. *Paris*, 1728. *in*-12.

103. La Science des choses naturelles ou Physiques de M. l'Abbé de Choisy. *Manuscrit.*

104. Observations curieuses sur toutes

les parties de la Physique. *Paris*, 1719. *in-*12.

105. La Statique des Végétaux & l'Analyse de l'air, trad. de l'Angl. de Hales, par M. de Buffon. *Paris*, 1735. *in-*4°.

106. Leçons de Physique expérimentale par M. l'Abbé Nollet. *Paris*, 1743. 2 *vol. in-*12.

107. Recherches sur les Causes particulieres des Phénomènes Electriques, par le même. *Paris*, 1749. *in-*12.

108. Cause & Mécanique de l'Électricité. *Paris*, 1749. *in-*12.

109. Traité de la Cause & des Phénomenes de l'Electricité, par Boulanger. *Paris*, 1750. *in-*8°. *deux parties en un volume.*

110. Descriptions & usages de plusieurs nouveaux Microscopes, tant simples que composés, par Joblot. *Paris*, 1718. *in-*4°.

111. Telliamed, ou entretiens d'un Philosophe indien avec un Missionnaire François, sur la diminution de la Mer, par M. de Maillet. *Amst.* (*Paris*) 1748. 2 *vol. in-*8°. *relié en un.*

112. Dissertation Physique à l'occasion du Negre blanc. *Leyde.* (*Paris*) 1744. *in-*8°.

HISTOIRE NATURELLE
GÉNÉRALE, DES PLANTES,
ET DES INSECTES.

113. Histoire du Monde de C. Pline Second, trad. par Ant du Pinet. *Lyon, 1566. 2 vol. in-fol.*
114. Histoire Naturelle, générale & particuliere, avec la description du Cabinet du Roi, (par Mrs de Buffon & Daubenton,) *Paris, de l'Imp. Royale, 1749. & suiv. 9 vol. in-4°. fig.*
115. Le Spectacle de la nature, par M. Pluche. *Paris, 1745, 7 vol. in-12.*
116. Histoire du Ciel, par le même. *Paris, 1734, 2 vol. in-12.*
117. Bibliothêque de Physique & d'Histoire naturelle (par l'Abbé Lambert). *Paris, 1758, 5 vol. in-12.*
118. Traités de Physique & d'Histoire naturelle, par Deslandes. *Brúxelles, 1736, in-12.*
119. Traité des Métaux & des Minéraux, & des Remédes que l'on en peut tirer, par M. Chambon. *Paris, 1714, in-12.*

SCIENCES ET ARTS.

12.10 | 120. Dictionnaire économique, par Noël Chomel. *Paris*, 1732, 2 *vol. infol.*

1-10 | 121. Dictionnaire Botanique & Pharmaceutique. *Paris*, 1738, *in-8°.*

10 | 122. Abregé de l'Histoire des Plantes usuelles, par Chomel. *Paris*, 1712, *in-12.*

123. Le Jardin de Hollande. *Amsterd.* 1711, *in-8°.*

9.2 | 124. Dictionnaire pratique du bon Ménager de Campagne & de Ville, par Liger. *Paris*, 1721, 2 *vol. in-4°.*

16.1 | 125. La Nouvelle Maison rustique ou Economie générale de tous les Biens de Campagne. *Paris*, 1755, 2 *vol. in-4°.*

2.12 | 126. Abrégé de l'Histoire des Insectes, pour servir à l'Histoire des Abeilles. *Paris*, 1747, 2 *vol. in-12.*

1.7 | 127. Histoire des Singes & autres animaux curieux. *Paris*, 1752, *in-12.*

MÉDECINE CHIRURGIE ET CHYMIE.

1. | 128. ETAT de la Médecine ancienne Moderne, par Clifton, trad. de l'Anglois, par M. L. D. F. *Paris*, 1742. *in-12.*

SCIENCES ET ARTS.

129. Le Cours de Médécine en François, par Lazare Meyssonnier. *Lyon*, 1678, *in-*4°.
130. Bibliothéque Abregée de la vraye Médecine. *in-*12.
131. Essai Physique & l'Economie animal, par Quesnay. *Paris*, 1736, *in-*12.
132. Le même. *Paris*, 1747, 3 *vol. in-*12.
133. Tableau de l'Amour conjugal, par Venette. *Amst.* (*Rouen*) 1732, 2 *vol. in-*12.
134. Les Régles de la Santé, par A. P. Docteur en Médecine. *Paris*, 1684, *in-*12.
135. Dissertation sur la nature des Cours de Ventre, par Ravelly. *paris*, 1687, *in-*12.
136. Traité des Affections vaporeuses du Sexe, par Jos. Raulin. *Paris*, 1758, *in-*12. *Mar. roug.*
137. Relation des différentes espéces de Peste que reconnoissent les Orientaux, par M. l'Abbé Gaudreau. *Paris*, 1721 *in-*12.
138. Méthode pour guérir les Maladies vénériennes, par M. Sigogne. *Paris*, 1722, *in-*12. *Mar. roug. trois fil.*
139. Essai sur l'Education médécinale des

B

Enfans, par M. Brouzet. *Paris*, 1754; 2 *vol. in*-12.

140. Traité des Maladies les plus fréquentes & des Remédes propres à les guérir, par M. Helvetius. *Paris*, 1739, 2 *vol. in*-12.

141. Secrets utiles & éprouvés de Médecine & Chirurgie. *Paris*, 1742, *in*-12.

142. Cours de la Nature, par J. de Vertuels, Docteur en Médecine. *Caors, in*-8°.

143. Essai des Effets de l'air sur le Corps humain, traduit de l'Anglois, avec des Notes, par M. Boyer de Perbrandié, Médecin de Montpellier. *Paris*, 1742, *in*-12.

144. Histoire d'une Jeune Fille Sauvage, trouvée dans les bois à l'âge de 10 ans, publiée par Madame H.... T... *Paris*, 1755, *in*-12.

145. Legs d'un Médecin à sa Patrie, par M. Dover. *La Haye*, 1734, *in*-12.

146. Traité des Médicamens, par M. Tauvry. *Paris*, 1717, 2 *vol. in*-12.

147. La Médecine & Chirurgie des Pauvres, par M. Hecquet. *Paris*, 1740, 3 *v. in*-12.

SCIENCES ET ARTS.

148. L'Anatomie d'Heifter. *Paris*, 1724, 3. *in-8°*.
149. Le Maître en Chirurgie, par Verduc. *Paris*, 1683, *in-12*.
150. Dictionnaire universel de Médécine, traduit de l'Anglois, de James, par Meſſieurs Diderot, Eidous & Touſſaint. *Paris*, 1746, 6 *vol. in-fol.*
151. Traité univerſel des Drogues ſimples, par Nic. l'Emery. *Paris*, 1714, *in-4°*.
152. Hiſtoire générale des Drogues ſimples & compoſées, par Pomet. *Paris*, 1735, 2 *vol. in-4°*.
153. Recherches ſur les Vertus de l'eau de Goudron, trad. de l'Anglois, de Dr. Georges Beckeley. *Amſt.* (*Rouen*) 1745, *in-12*.
154. Les Vertus médecinales de l'eau commune ou Recueil des meilleures Piéces écrites ſur cette matiere, auxquelles on a joint la Diſſertation de M. de Mairan ſur la Glace, & celle de M. Hoffman ſur l'excellence des Remédes domeſtiques. *Paris*, 1730, 2 *vol. in-12*.
155. La Chymie naturelle, par Daniel Duncan. *Paris*, 1681, *in-12*.

SCIENCES ET ARTS.

156. Troisiéme Partie de la Chymie naturelle, du même. *A Montaub.* 1686, *in-*12.

157. Cours de Chymie, par l'Emery. *Paris*, 1687, *in-*8°.

158. Traité de la Chymie, par N. Lefevre. *Paris*, 1669, 2 *vol. in-*12.

159. Elemens de Chymie théorique, par Macquer. *Paris*, 1749, *in-*12.

160. Chimie médicinale, par M. Malouin. *Paris*, 1750, 2 *vol. in-*12.

161. La même. *Paris*, 1752, 2 *vol. in-*12.

162. Dissertation sur l'Antimoine, par M. l'Amy. *Paris*, 1682, *in-*12.

163. Lettres philosophiques sur la formation des Sels & des Crystaux, par M. Bourguet. *Amst.* 1729, *in-*12.

164. Traité des Alimens, par l'Emery. *Paris*, 1705, *in-*12.

165. Trois Traités de la Philosophie naturelle, non encore imprimés; sçavoir, le Livre d'Artephius, les Figures hiérogliphes de Nic. Flamel & les Livres de Synesius, le tout traduit par P. Arnault. *Paris*, 1712, *in-*4°.

166. Officier de Bouche. *Paris*, 1713, *in-*12.

MATHÉMATIQUE, GEOMETRIE, ET ARTS DIFFERENS.

167. Elémens d'Euclide, par de Challes. *Paris*, 1690, *in-12*.
168. Les mêmes, par Henrion. *Rouen*, 1686, 2 *vol in-8°*.
169. Dictionnaire Mathématique, par Ozanam. *Paris*, 1691, *in-4°*.
170. Recréations mathématiques & physiques, par le même. *Paris*, 1694, 2 *vol. in-8°*.
171. Les mêmes. *Paris*, 1749, 4 *vol. in-8°*.
172. Les Comptes faits, de Barême. *Paris*, 1735, *in-12*.
173. Les mêmes. *Paris*, 1720, *in-12*.
174. Abregé de l'Arithmétique pratique & raisonnée, par Irson. *Paris*, 1685, *in-8°*.
175. Tables pour trouver la supputation de toutes sortes de nombres entiers & rompus par livres sols & deniers, &c. *Paris*, 1693, *in-12*.

SCIENCES ET ARTS.

176. Nouveaux Elémens de Géométrie. *La Haye*, 1690, *in*-12.
177. Elémens d'Aſtronomie, par Caſſini. *Paris, de l'Imprimerie Royale* 1740, *in*-4°.
178. Tables aſtronomiques du Soleil, de la Lune, des Planettes, des Etoiles fixes & des Satellites de Jupiter & de Saturne, avec l'explication & l'uſage de ces mêmes Tables, par le même. *Paris, de l'Imprimerie Royale*, 1740, *in*-4°.
179. Tables de Sinus. *Lyon*, 1670, *in*-12.
180. Les Tables des Directions & Profeſſions de Jean de Mont-Royal, corrigées & augmentées, par D. Henrion. *Paris*, 1626, *in*-4°.
181. La Statique ou Science des Forces mouvantes, par le P. Ignace Gaſton Pardies. *Paris*, 1689, *in*-12.
182. Uſage des Globes de Bion. *Paris*, 1717, *in*-8°.
183. Traité de la Sphere du Monde, par Boulanger. *Paris*, 1648, *in*-12.
184. Traité du mouvement Diurne de la terre, ſuivant le ſyſtême de Copernic. *Paris*, 1745, *in*-12.
185. Traité du Mouvement des Eaux, par Mariotte. *Paris*, 1700, *in*-12.

SCIENCES ET ARTS.

186. Traité d'Optique mécanique, par M. Thomin. *Paris*, 1749, *in-8°*.
187. Histoire de la Musique & de ses effets, par Bonnet. *Paris*, 1715, *in-12*.
188. Dialogue sur la Musique des Anciens. *Paris*, 1725, *in-12*.
189. Traité de l'Harmonie reduite à ses principes naturels, par Rameau. *Paris*, 1722, *in-4°*.
190. Démonstration du principe de l'Harmonie, par le même. *Paris*, 1750, *in-8°*.
191. Observations sur notre Institut pour la Musique & sur son principe, par le même. *Paris*, 1754, *in-8°*.
192. Dissertation sur la Musique moderne, par M. Rousseau. *Paris*, 1743, *in-8°*
193. Lettres sur la Musique françoise, par J. J. Rousseau. *Paris*, 1753, *in-8°*.
194. Dictionnaire abregé de Peinture & d'Architecture. *Paris*, 1746, *2 vol. in-8°*.
195. Traité de la Mignature, par Mademoiselle Perrot. *Paris*, 1683, *in-12*.
196. Lettre sur la peinture, Sculpture & Architecture. 1748, *in-12*.
197. Entretiens sur les vies & sur les ouvrages des plus excellens Peintres, an-

SCIENCES ET ARTS.

ciens & modernes, par Felibien. *Trevoux*, 1725, 6 vol. *in-*12.

33..198. Catalogue raisonné des Tableaux du Roi, avec un Abregé de la vie des Peintres, par M. l'Epicié. *Paris, de l'Imprimerie Royale*, 1752, 2 vol. *in-*4°, v. f. tranc. dorée.

24..199. Des Proportions d'Architecture ou l'Art d'accorder les dimentions & les mesures des Bâtimens. 2 vol. *in-fol.* Manuscripts remplis de Desseins à la plume.

3.2 200. Paralelle de l'Architecture antique & de la moderne, par de Chambray. *Paris*, 1650, *in-fol.*

5.19 201. L'Architectures des voûtes ou l'Art des traits & coupe des voûtes, par le P. Derand. *Paris*, 1643, *in-fol.*

125...202. Les Ruines de Palmire ou autrement dite Tedmor au désert. *Londres*, 1753, *in-fol.* G. P. v. marb. tranc. dor.

60..203. Les Ruines des plus beaux Monumens de la Grece, par M. le Roi. *Paris*, 1758, *in-fol.* G. P. v. écaille tr. dorée.

1..11 204. Observations sur les Antiquités de la Ville d'Herculanum, par MM. Cochin le fils & Bellicard. *Paris*, 1754, *in-*12.

SCIENCES ET ARTS.

205. Les Rêveries de M. de Saxe. La Haye, 1756, 2 vol. in-8°.
206. Détails militaires, par M. de Chennevieres. *Paris*, 1750, 4 vol. in-12.
207. Observations militaires, par M. de Bouffanelle. *Paris*, 1761, in-8°.
208. Commentaires sur la Cavalerie, par le même. *Paris*, 1758, in.12. *mar. rouge.*
209. Observations sur les Chevaux, par la Foffe. *Paris*, 1744, in-8°.
210. Le parfait Cocher. *Paris*, 1744. in.12.
211. Maniere de rendre toutes fortes d'édifices incombuftibles, par M. le Comte d'Efpie. *Paris*, 1754. in-12.
212. L'Etat des Arts en Angleterre, par Rouquet. *Paris*, 1755. in-12.

BELLES-LETTRES.

GRAMMAIRE.

3.12 213. Magnum Dictionnarium Latinum & Gallicum, autore P. Danetio. *Parisis*, 1694. *in*-4°.

9.5 214. Dictionnaire Universel, contenant généralement tous les mors François, tant vieux que modernes, par Antoine Furetiere. *la Haye*, ( ) 1694. *in-fol.*

80...215. Dictionnaire Universel François & Latin. *Paris*, 1743. 6 *vol. in-fol.*

30.2 216.—— Le même. *Paris*, 1721. 5 *vol. in-fol.*

1.11 217. Des Tropes, ou des différens sens dans lesquelles on peut prendre un même mot dans une même Langue, par M. Dumarsais. *Paris*, 1730. *in*-8°.

2.10 218. Synonimes François, par l'Abbé Girard. *Paris*, 1740. *in*-12.

1.18 219. Des Mots à la mode & des nouvelles façons de parler. *Paris*, 1692. *in*-12.

220. Dictionnaire des Proverbes François, & des façons de parler comiques, burlesques & familieres. *Paris* 1758. *in*-12.

5.3 221. Dictionnaire des Rimes par P. Richelet. *Paris*, 1731. *in*-8°.

BELLES-LETTRES.

POETES GRECS ET LATINS.

222. L'Iliade d'Homere, traduite en François avec des remarques, par Madame Dacier. *Paris, Rigaud*, 1711, 3 vol. in-12.

223. l'Odiſſée du même, par la même. *Paris, Rigaud*, 1716, 3 vol. in-12.

224. Les Poëſies d'Anacreon & de Sapho, traduites du Grec en François avec des remarques, par Mademoiſelle le Fevre. *Paris*, 1681, *in*-12.

225. Traduction nouvelle des Odes d'Anacreon ſur l'original grec, par M. de la Foſſe, avec des remarques. *Paris*, 1704, *in*-12.

226. Le Théatre des Grecs, par le P. Brumoy. *Paris*, 1730, 3 vol. in-4°.

227. Lucrece de la nature des choſes avec des remarques, par le Baron des Coutures. *Paris*, 1685, 2 vol. *in*-12.

228. Virgile de la traduction de Martignac avec des remarques. *Touloufe*, 1701, 2 vol. *in*-12.

229. Le même avec des notes critiques

28 BELLES-LETTRES.

& historiques par le P. Cartrou. *Paris*, 1729, 4 *vol. in*-12.

10.10 230. Le même traduit en François avec des remarques par l'Abbé des Fontaines. *Paris*, 1743, 4 *vol. in*-8°.

27.6 231. Œuvres d'Horace en Latin, traduites en François, par Dacier & le P. Sanadon, avec des remarques. *Amst.* 1735, 8 *vol. in*-12.

2.16 232. P. Ovidii Nasonis liber in ibin cum interpretatione gallica, Autore de Marolles. *Lutet. Paris.* 1661, *in*-8°.

233. les Fastes d'Ovide de la traduction de Michel de Marolles, avec des remarques. *Paris*, 1660, *in*-8°.

234. Les Amours d'Ovide, avec la traduction françoise & des remarques. *Paris*, 1661, *in*-8°.

235. Les quatre Livres des Epîtres d'Ovide de la traduction de Michel de Marolles, avec des remarques. *Paris*, 1661, *in*-8°.

—236. Les Epîtres héroïdes d'Ovide de la traduction du même, avec le texte à côté. *Paris*, 1661, *in*-8°.

3..237. P. Ovidii Nasonis, Metamorph. Libri xv. *Antuerpiæ*, 1712, *in*-12.

—238. Les Métamorphoses d'Ovide, tra-

BELLES-LETTRES.

duites en prose françoise, par Renouard, *Paris,* 1637, *in-fol.*

239. Les mêmes, traduites en François, par P. du Ryer. *Paris,* 1666, *in-8°.*

240. Les mêmes en Latin, traduites en François, avec des remarques & des explications historiques, par M. l'Abbé Banier, enrichies de figures en Taille-douce, gravées par B. Picart. *Amst.* 1732, 2 *vol. infol. G. P. rel. en un, tr. dor.*

241. Les Fables de Phédre, traduites en François, avec le Latin à côté. *Tolose,* 1677, *in-12.*

242. La Thébaïde de Stace, avec les remarques en Latin & en François. *Paris,* 1658, 3 *vol. in-8°.*

243. L'Art de la Peinture de Charles-Alphonse Dufresnoy. *Paris,* 1668, *in-8°.*

POETES FRANÇOIS.

244. Les Amours de P. de Ronsard, commentées par M. Antoine de Muret. *Paris,* 1553, *in-8°.*

245. Poësies de Madame Deshoulieres. *Amst.* (*Rouen*) 1715, *in-12.*

BELLES-LETTRES.

10.4 246. Fables choisies mises en Vers, par M. de la Fontaine, avec figures. *La Haye*, 1688, 2 *vol. in*-12.

1.10 247. Les mêmes. *Amst.* (*Rouen*) 1713, *in*-12.

36.. 248. Les mêmes avec des figures, d'après les Desseins de M. Oudry. *Paris,* 1755, *in fol.* G. P.

11.19 249. Œuvres de Nic. Boileau Despreaux, avec des Eclaircissemens historiques, donnés par lui-même. *Amst.* 1717, 4 *vol. in*-12.

4.. 250. Recueil de Piéces choisies, tant en Prose, qu'en Vers. *La Haye*, 1714, 2 *vol in*-12.

7.10 251. Recueil de Piéces galantes, en Prose & en Vers de Madame de la Suze & de M. Pelisson. *Trevoux* 1725, 4 *vol. in*-12.

19 252. Œuvres du sieur R.*** *Soleure*, 1712, *in*-12.

2.5 253. Œuvres diverses de Rousseau. *Bruxelles*, 1732, 2. *vol. in*-12.

40.1 254. Les mêmes. *Bruxelles* (*Paris*) 1743, 3 *vol. in*-4°. G. P.

16 255. Epîtres diverses sur des sujets différens. *Londres*, 1740, *in*-12.

12 256. Les Saisons, les Élemens, par M. de la Vergne. 1760, *in*-12.

POETES DRAMMATIQUES FRANÇOIS.

257. LE Théâtre de P. & de T. Corneille. *Paris, 1722, 9 vol. in-12.*
258. Œuvres de Moliere. *Paris, 1697, 4 vol. in-12.*
259. Le Théâtre de Quinault. *Paris, 1739, 5 vol. in-12.*
260. Œuvres de Racine. *Paris, 1741, 2 vol. in-12.*
261. Les mêmes. *Paris, 1755, 3 vol. in-12.*
262. Œuvres de Poiffon. *Paris, 1743, 2 vol. in-12.*
263. Théatre de Bourfault. *Paris, 1746, 3 vol. in-12.*
264. Œuvres de Regnard. *Paris, 1750, 4 vol. in-12.*
265. Les Œuvres de Théâtre de Dancourt. *Paris, 1742, 8 vol. in-12.*
266. Œuvres mêlées de M. de la Grange. *La Haye, 1724, in-12. v. f. filets.*
267. Œuvres d'Autreau. *Paris, 1749, 4 vol. in-12.*

BELLES-LETTRES.

2.. 268. Piéces de Théâtre de M. de Crebillon. *in*-12.

1.16 269. Amour pour amour, Comédie de la Chauffée. *Paris*, 1742. *in*-12.

—270. Thimon le Mifantrope, Comédie en trois Actes. *Paris*, 1722. *in*-12.

2.11 271. Didon Tragédie de M. le Franc, avec la traduction de cette Piéce en Italien & autres Poëfies. *Paris*, 1746, *in*-8°.

3.10 272. Abenfaid, Tragedie, par M. l'Abbé le Blanc. *Paris*, 1736, *in*-8°.

—273. Ariftomène, Tragédie.... Denys le Tyran, Tragédie, par M. Marmontel. *Paris*, 1750. *in*-12.

1.4 274. Cléopâtre, d'après l'Hiftoire 1750. Cléopâtre, Tragédie, par Marmontel. *Paris*, 1750, *in*-12.

2.. 275. Recueil de Comédies. *in*-8°.

2.12 276. Tablettes Dramatiques, par le Chevalier de Mouhy. *Paris*, 1752, *in*-8°.

—277. J. J. Rouffeau Citoyen de Céneve à M. Dalembert fur fon article. Géneve dans le feptiéme vol. de l'Encyclopédie, & particulierement fur le projet d'établir un Theâtre de Comédie en cette Ville. *Amft.* 1757, *in* 8°. *broché*.

POETES

POETES ITALIENS ET ANGLOIS.

278. ROLAND furieux, Poëme hé- roïque de l'Ariofte, traduit par M. *** La Haye (Paris) 1741, 4 vol. in-12.
279. Nouvelle traduction de Roland l'amoureux de Boyardo. Paris, 1720. 2 vol in-12.
280. Jerufalem délivrée, Poëme héroïque du Taffe, trad. en François (par M. de Mirabeau). Paris, 1724, 2 vol. in-12.
281. L'Aminte du Taffe, trad. en François, avec le Texte à côté. Paris, 1734, in-12.
282. La Sechia rapita di Taffoni, con la traduttione françefe. Parigi, 1678, 2. vol. in-12.
283. Il conquifto di Granata, Poëma heroïco, del Signor Gratiani, con Argomenti, del Signor Calvi. In Modana, 1650, in-4°.
284. Opere drammatiche, del Sig. Abbaté P. Metaftafio. Venezia, 1748, 4 in-18.

BELLES-LETTRES.

5.8 285. La Lusiade du Camoens, Poëme héroïque, traduit du Portugais, par Duperron de Castera. *Paris*, 1735, 3 *vol. in-*12.

6.19 286. Le Paradis perdu de Milton, Poëme héroïque, traduit de l'Anglois, avec les remarques de M. Addisson (par M. Dupré de Saint Maur). *Paris* 1729, 3 *vol. in-*12.

3.12 287. Essai sur la Critique & sur l'Homme, par Pope, traduits en François, (par l'abbé Duresnel). *Londres*, 1741. *in-*4°.

10.4 288. Le Théâtre Anglois, (traduit par M. de la Place) 4 *vol. in-*12.

8..2 289. Lettre sur le Théâtre Anglois, avec une traduction de l'Avare & de la Femme de Campagne. (*Paris*) 1752, 2. *vol. in-*12.

2.2 290. Poësies de M. Haller, traduite de l'Allemand. *Zuric*, (*Paris*) 1752, *in-*12.

7.4 291. Naufrage des Isles flottantes ou Basiliade du célébre Pilpai, traduit de l'Indien par M M. *** *Messine*, (*Paris*) 1753, 2 *vol in-*12.

MYTHOLOGIE, FACETIES, CONTES ET NOUVELLES.

292. Tableaux du Temple des Muses, par Michel de Marolles. *Paris*, 1655, *in fol.*

293. Mythologie, c'est-à-dire explication des Fables contenant les généalogies des Dieux, &c. extraite du Latin de Noël le Comte. *Rouen*, 1611, *in-4°.*

294. Histoires nouvelles & Mémoires ramassés. *Londres*, (*Paris*) 1745, *in-12.*

295. Contes & Nouvelles de Bocace, avec les figures de Romain de Hooge. *Cologne*, 1712, 2 *vol in-12.*

296. Les Contes des Fées, par M. D.*** (Daulnoy). *Paris*, 1742, 4 *volumes in-12.*

297. Les Mille & une nuit, Contes arabes, traduits en François, par M. Galland. *Paris*, 1726, 6 *vol. in-12.*

298. Les Mille & un jour, Contes Persans, traduits en François, par Petis de la Croix. *Paris*, 1710, 5 *vol. in-12.*

36 BELLES-LETTRES.

299. Les Mille & un quart-d'heure, Contes tartares. *Paris*, 1723, 3 *vol. in*-12.

300. Histoire de la Sultane de Perse & des Visirs, Contes Turcs. *Paris*, 1707. *in*-12.

301. Les Sultanes de Cuzarate ou les Songes des hommes éveillés, Contes Mogols, par M. *** *Paris*, 1732. 3 *vol. in*-12.

302. Contes Orientaux. *la Haye*, 1743. 2 *vol. in*-12.

303. Les Avantures d'Abdalla, fils d'Hanif, trad. en Franç. par M. de Sandisson. *Paris*, 1723. *in*-12.

304. Histoire de Fleur d'Epine, Conte, par le Comte Ant. Hamilton. *la Haye.* (*Paris*) 1746. *in*-12.

305. Le Belier, Conte, par le même. *la Haye*, (*Paris*) 1746. *in*-12.

306. Les quatre Facardins, Conte, par le même. *la Haye*, (*Paris*) 1746. *in*-12.

307. Gaudriole, Conte. *la Haye*, (*Paris*) 1746. *in*-12.

308. Les Contes & Fables Indiennes de Bidpai & de Lokman, trad. par Galland. *Paris*, 1724. 2 *vol. in*-12.

309. Leonille, Nouvelle, par M elle *** *Nancy*, 1755. *in*-12.

BELLES-LETTRES.

310. Kanor, Conte, trad. du Sauvage, par Madame *** *Amst.* (*Paris*) 1750. *in*-12.

ROMANS.

311. Longi Pastoralium de Daphnide & Chloë, libri quatuor Grec. & Lat. cum figuris. *Luret. Paris.* 1754. *in*-4°. *v. écaille. tr. dor.*

312. Amours de Theagenes & Chariclée, Histoire Ethiopique. (*Paris*) 1743. 2 *vol. in*-12. *avec fig. v. marb. tr. dor.*

313. Les Amours d'Ismene & d'Ismenias, trad. (par M. de Beauchamp.) *la Haye*, (*Paris*) 1743. *in*-12. *avec fig. v. marb. tr. dor.*

314. Le Roman Comique de Scaron. *Paris* 1733. 3 *vol. in*-12.

315. Les Avantures de Télémaque, fils d'Ulysse, par Messire de Salignac de la Motte Fenelon, Archevêque de Cambray. *Paris*, 1740. 2 *vol. in*-12.

316. Les Galanteries des Rois de France. *Cologne.* 3 *vol. in*-12.

317. Histoire amoureuse des Gaules par

38 BELLES-LETTRES.

le Comte de Buffi Rabutin. (*Paris*) 1754. 5 *vol. in*-12.

1.. 318. Marie d'Angleterre, Reine Duchesse, par Melle de Luffan. *Amst.* (*Paris*) 1749. *in*-12.

3.10 319. Histoire de Jean de Bourbon, Prince de Carency, par M Daulnoy. *Paris*, 1729. 2 *vol. in*-12.

3.12 320. Zaïde Histoire Espagnole, par M. de Segrais, avec un Traité de l'origine des Romans, par M. Huet. *Paris*, 1725. 2 *vol. in*-12.

7.. 321. Polexandre, par Gomberville. *Paris*, 1632. 5 *vol. in* 8°.

24.. 322. Artamene ou le Grand Cyrus, par M. de Scudery. *Paris*, 1656. 10 *vol. in*·12.

24...323. Cassandre. *Paris*, 1653. 10 *vol.in*-12.

4.1 324. Cassandre, Roman. *Paris*, 1755. 3 *vol. in*-12.

22.. 325. Cléopatre. *Paris*, 1657. 12. *vol.in*-8°.

18.1 326. La même *Paris*, 1663. 12 *vol.in*-12.

30.. 327. Faramond, ou l'Histoire de France, par la Calprenede. *Paris*, 1670. 12 *vol. in*-8°.

8.12 328. Clelie, Histoire Romaine, par M. de Scudery. *Paris*, 1676. 10 *vol. in*-8°.

18.. 329. L'Astrée de Durfé, Pastorale allégo-

BELLES-LETTRES. 39

rique. *Paris*, 1733. 10 *vol. in-12. veau écaille. filets.*

330. Les Amours d'Endimion & de la Lune, par A. Remy. *Paris*, 1624. *in-8°. écaille. tr. dor.*

331. Les Nouvelles Françoises, ou les divertissemens de la Princesse Aurelie, par de Segrais. *Paris*, 1722. 2 *vol. in-12.*

332. La Vie & les Avantures de Zizime, fils de Mahomet II. Empereur des Turcs. *Paris*, 1724. *in-12.*

333. L'Histoire des trois Freres Princes de Constantinople. *in-12. écaille. filets.*

334. Crementine, Reine de Sanga, Histoire Indienne, par M.^{de} de Gomez. *Paris*, 1728. 2 *vol. in-12.*

335. La Jeune Alcidiane, par la même. *Paris*, 1733. 3 *vol. in-12.*

336. Les Desesperés, Histoire Héroïque, trad. de l'Italien de Marini. *Paris*, 1731. 2. *vol. in-12.*

337. Mizirida, Princesse de Firando. *Paris*, 1738. 6 *vol. in-12.*

338. Les Illustres Françoises, Histoires véritables. *la Haye*, (*Paris*) 1737. 3 *vol. in-12.*

339. Mémoires & Avantures d'un Homme de qualité qui s'est retiré du monde,

BELLES-LETTRES.

(par l'Abbé Prevoft.) Paris, 1735. 3 vol. in-12.

340. Suite des Mémoires & Avantures d'un Homme de qualité. *Amft.* (Paris) 1733. *in*-12.

341. Le Philofophe Anglois, ou Hiftoire de Cleveland, (trad. par le même.) Paris, 1731. 8 vol. in-12.

342. Le Doyen de Killerine, Hiftoire morale, (par le même.) Paris, 1735. 3 vol. in-12.

343. Lettres Angloifes, ou Hiftoire de Miff. Clariffe Harlove, (trad. par le même.) *Londres*, (Paris) 1751. 6. vol. in-12.

344. Nouvelles Lettres Angloifes, ou Hiftoire du Ch^{er}. Grandiffon, (trad. par le même.) *Amft.* (Paris) 1755. 2 vol. in-12.

345. La Vie de Marianne, ou les Avantures de M^e la Comteffe de *** par M. de Marivaux. Paris, 1736. 2 vol. in-12.

346. Les Confeffions du Comte de *** (par M. Duclos.) *Amft.* (Paris) 1741. in 12.

347. Amufemens des Eaux de Spa. *Amft.* 1734. 2 vol. in-12.

BELLES-LETTRES. 41

348. Milord *** ou le Payfan de qualité 1.6
nouvelle galante. Paris, 1700. in-12.

349. Mémoire de M. le Comte de Clai- 1.10
ze, par M. de Catalde. Amſt. (Paris)
in-12.

350. Le Guerrier Philofophe, par M. de 1.4
Raſſuls du Vigier. Paris, 1712. in-12.

351. Campagnes Philofophiques, ou 3.12
Mémoires de M. de Montcal. Amſt.
(Paris) 1741. 2 vol. in-12.

352. Le Triomphe de l'amitié, trad. du 1.12
Grec, par Melle de *** Paris, 1751.
in-12.

353. Mémoire de M. de Berval. Amſt. 1.10
(Paris) 1752. in-12.

354. Les Erreurs de l'amour propre, ou 1.11
Mémoires de Milord D.*** par M. de
la Place, Londres, (Paris) 1754. in-12.

355. Hiſtoire de Tom Jones, ou l'enfant 6.12
trouvé, trad. de l'Angl. de Fielding,
(par le même) avec fig. Londres, (Paris)
1750. 4 vol. in-12.

356. Mémoires de Madame Staal. Lond. 3..
1755. 3 vol. in-12.

357. La Baguette Myſterieuſe, ou Abi- 2..
zai. Paris, 1755. in-12.

358. La Comédienne fille & femme de 6.8
Qualité, ou Mémoire de la Marquiſe

42 BELLES-LETTRES.
de *** *Bruxelles*, (Paris) 1756. 3 *vol. in*-12.

359. Brochure nouvelle, (par M. de Mondorge,) (Paris) 1746. *in*-8°.

360. Julie, ou la nouvelle Héloïse, par J. J. Rousseau, *Amst.*1761. 6 *vol. in*-12. *avec la préface & les figures.*

361. Daïra, Histoire Orientale, (par M. le Riche de la Poupeliniere). *Paris*,1760. *in*-8°. G. P.

PHILOLOGUES, CRITIQUES, SATYRES, &c.

362. La maniere de bien penser dans les ouvrages d'Esprit. *Amst.*1688.*in*-12.

363. Essais Historiques & Philosophiques sur le Goût, par M. Carteau de la Villat. *la Haye.* 1737. *in*-12.

364. Des Causes de la corruption du Goût par Madame Dacier. *Paris*,1714. *in*-12.

—365. Homere défendu contre l'Apologie du P. Hardouin, ou suite des Causes de la corruption du Goût, par la même. *Paris*, 1716. *in*-12.

BELLES-LETTRES. 43

366. Dissertation critique sur l'Iliade d'Homere, par l'Abbé Terrasson. *Paris*, 1715. 2 *vol. in*-12.

367. Caracteres des Auteurs anciens & modernes, & les jugemens de leurs ouvrages. *Paris*, 1704. *in*-12.

368. Réflexions critiques sur la Poësie & la Peinture, par l'Abbé du Bos. *Paris*, 1740. 3 *vol. in*-12.

369. Les mêmes. *Paris*, 1719. 3 *vol. in*-12.

370. Remarques ou Réflexions critiques morales & historiques, sur les plus belles & plus agréables pensées qui se trouvent dans les Ouvrages des Auteurs anciens & modernes. *Amst.* 1691. *in*-12.

371. Petrone, Latin & François, avec des Remarques. 1713. 2 *vol. in*-12.

372. L'Éloge de la Folie d'Erasme. *Leyde.* (*Rouen*) 1713. *in*-12.

373. La Guerre Séraphique, ou Histoire des périls qu'a couru la barbe des Capucins par les violentes attaques des Cordeliers. *la Haye*, 1740. *in*-12.

374. Les bons mots & les maximes des Orientaux, par M. A. Galland. *Paris*, 1730. *in*-12.

375. Pensées ingénieuses des anciens & des modernes. (par le P. Bouhours) *Paris*, 1698. *in*-12.

BELLES-LETTRES.

1.10. 376. Pensées ingénieuses des Peres de l'Église, (par le même) *paris*, 1700. *in*-12.

5.. 377. La Bagatelle ou Discours Ironiques. *Amst.* 1722. 3 *vol.in*-12.

6.. 378. Réflexions sur les sentimens agréables & sur le plaisir attaché à la vertu. *Monbrillant* (*Paris*) 1743, *in*-8°. *mar. rouge.*

379. Réflexions sur la Poësie en général, par M. R. D. S. M. *La Haye*, 1734, *in*-12.

380. Le Monde fou, préféré au Monde sage. *Amst.* 1733, 2 *vol. in*-12.

381. Apulée de l'esprit familier de Socrate, avec des remarques. *Paris*, *in*-12.

1.10 382. Mes Loisirs, de M. le Chevalier d'Arc. *Paris*, 1755, *in*-12.

1.10 383. La Gallerie des Femmes fortes, par le P. le Moyne. *Paris*, 1608, *in*-12.

POLYGRAPHES.

20.. 384. Les Essais de Michel Seigneur de Montaigne, avec des Notes, par P. Coste. *Paris*, 1725, 3 *vol. in*-4°.

BELLES-LETTRES.

385. Les Œuvres de Théophile. *Lyon*, 1668, *in*-12.
386. Les Œuvres de Cyrano Bergerac. *Amst.* 1710, 2 *vol. in*-12.
387. Œuvres diverses, de Locke. *Rott.* 1710, *in*-12.
388. Œuvres diverses, par le sieur D. H. *** *Paris*, 1675, *in*-12.
389. Œuvres diverses, de M. de Fontenelle. *Londres*, 1711, 2 *vol. in*-12.
390. Œuvres philosophiques, de Messire Franc. Salign. de la Motte-Fenelon, Archevêque de Cambray. *Paris*, 1718, *in*-12.
391. Œuvres de Messire Edme Mongin, Evêque de Bazas. *Paris*, 1745, *in*-4°. *tr. dor.*
392. Recueil de plusieurs piéces d'Eloquence & de Poësie, présentée à l'Académie françoise pour les prix de l'année 1717. *Paris*, 1717, *in*-12.
393. Recueil de plusieurs Piéces de Poësies, présentées à l'Accadémie françoise pour les prix des années 1720, 1721. *Paris*, 1721, *in*-12.
394. Œuvres de Moncrif. *Paris*, 1751, 3 *vol in*-12.
395. Opuscules de M. Freron. *Amsterd.* (*Paris*) 1753, 3 *vol. in*-12.

46 BELLES-LETTRES.

396. Collection complette des Œuvres de M. de Voltaire. *Genêve* 1756, 17 vol. in 8°.

397. Le Porte-feuille trouvé ou Tablettes d'un curieux. *Genêve*, (Paris), 1757, 2 vol. *in*-12.

DIALOGUES ET EPISTOLAIRES.

398. CINQ Dialogues faits à l'imitation des Anciens, par Oratius Tubero. *Francfort*, 1716, 2 vol. *in*-12.

399. Dialogues sur les plaisirs, sur les passions, sur le mérite des Femmes & sur leur sensibilité pour l'honneur, par du Puy. *Paris*, 1717, *in*-12.

400. Lettres familieres de Ciceron, traduites en François, par l'Abbé Prévost. *Paris*, 1745, 3 vol. *in*-12.

401. Nouvelles Lettres familieres & autres sur toutes sortes de Sujets, choisies, de Bussy-Rabutin, Boursault, &c. par René Millerai, & augmentées, par l'Abbé de Bellegarde. *Bruxelles*, 1704, *in*-12.

402. Recueil de Lettres de Madame la

BELLES-LETTRES.

Marquife de Sévigné, à Madame de Grinan fa fille. *Paris*, 1738, 7 vol. *in*-12.

403. Lettres nouvelles de la même. *Paris*, 1754, 2 vol. *in*-12.

404. Lettres d'une Perruvienne, (par Madame de Graffigny). *A Peine* (*Paris*) *in*-12.

405. Lettres d'un François (par l'Abbé le Blanc). *La Haye* (*Paris*) 1745, 3 vol. *in*-12.

406. Lettres philofophiques fur les Phyfionomies. *La Haye*, 1746, *in*-12.

HISTOIRE.

GEOGRAPHIE, VOYAGES.

407. La Cosmographie universelle de tout le monde, augmentée, par Fr. de Belle-Forêt. *Paris*, 1575, 2 *vol. in-fol.*

408. Speculum nauticum super Navigatione Maris Occidentalis confectum, continens omnes Oras maritimas Galliæ, Hispaniæ & præcipuarum Partium Angliæ, in diversis mappis maritimis comprehensum, una cum usu & interpretatione earumdem, accuratâ diligentiâ concinnatum, & elaboratum, per Lucam-J. Aurigarium. *Lugd. Bat.* 1686, *in-fol.*

409. Atlas historique ou Nouvelle Introduction à l'Histoire, à la Chronologie & à la Géographie ancienne & moderne, par Gueudeville. *Amst.* 1713, 7 *vol. in-fol.*

410. Le Théâtre du Monde contenant les Cartes générales & particulieres des Royaumes

HISTOIRE. 49

Royaumes & Etats qui le composent, dressées par J. B. Nolin. *Paris*, 1705, *in-fol.*

411. Atlas Portatif à l'usage des Militaires & du Voyageur, par le Rouge. *Paris*, 1759, 2 *vol. in-*4°.

412. A Map of the British Empire in America Wilh the french and spanish settlements, adjacent - thereto By Henr. *Popple, in-fol.*

413. Le grand Dictionnaire géographique, hihorique & critique, par Bruzen de la Martiniere. *Paris*, 1739, 6 *vol. iu-fol.*

414. Le même *La Haye*, 1726, 10 *vol. in-fol.*

415. Histoire générale des Voyages, par M. l'Abbé Prévost. *Paris*, 1753, 44 *vol. in-*12.

416. Voyages du sieur de la Mottraye. *La Haye*, 1727, 2 *vol. in-fol.*

417. Voyages du tour du Monde, de Gemellicareri. *Paris*, 1727, 6 *vol. in-*12.

418. Nouveau Voyage au tour du Monde, de Dampier. *Rouen*, 1715. 4 *vol. in-*12.

419. Voyage d'Italie, par Misson. *Paris*, 1743, 4 *vol. in-*12.

D

50   HISTOIRE.
6. 2 420. Voyages du P. Labat en Espagne &
en Italie *Amst.* 1731, 8 *vol. in*-12. *rel.
en* 4.
6.   421. Journal du Voyage d'Espagne.
Paris, 1669, *in*-4º.
422. Recueil de Voyages au Nord. *Amst.*
1715, 6 *vol. in*-12.
423. Mémoires du Chevalier de Beaujeu, contenant ses divers Voyages en Pologne, en Allemagne & Hongrie. *Paris*, 1688,
424. Les Voyages de Tavernier. *Rouen*, 1724, 6 *vol. in*-12.
18.. 425. Voyages de Corneille le Brun, par la Moscovie en Perse & aux Indes orientales, avec figures en Taille-douce. *Amst.* 1718, 2 *vol. in-fol.*
24.1 426. Voyages de M. le Chevalier Chardin, en Perse & autres lieux de l'Orient, enrichis de figures en Taille-douce. *Amst.* 1711, 3 *vol. in*-4º.
21... 427. Voyages très-curieux faits en Moscovie, Tartarie & Perse, par le sieur Olearius, traduit de l'Original, par Wicquefort. *Amst.* 1727, 2 *vol. in-fol. rel. en un.*
2.10 428. Voyage en Turquie & en Perse, par M. Otter. *Paris*, 1748, 2 *vol. in* 12.

HISTOIRE.

429. Les fameux Voyages de Pietro della Vallé., *Paris*, 1674, 4 *vol. in-*4°.

430. Relation d'un Voyage du Levant, par Pitton de Tournefort. *Lyon*, 1717, 3 *vol. in-*8°.

431. Voyage du Levant, par Thevenot. *Amst.* (*Rouen*) 1717, 4 *vol. in-*12.

432. Voyages de Paul Lucas. (*A Rouen*) *Paris*, 1724, 3 *vol. in* 12.

433. Journal des Voyages de M. de Monconys. *Lyon*, 1675, 3 *vol. in-*4°.

434. Voyages des Indes Orientales, depuis l'Isle de France jusqu'à la riviere du Gange, & le retour en France, avec des remarques sur le Commerce, & une instruction pour faire ce Voyage. *in-fol. m. f.*

435. Voyages célébres & remarquables, faits de Perse aux Indes Orientales, par Albert de Mandelslo, traduits de l'original d'Olearius, par Wicquefort. *Amst.* 1727, 2 *vol. in-fol. rel. en un.*

436. Voyage de Dalmatie, de Grece & du Levant, par Georges Wheler. *Anvers* (*Paris*) 1689, 2 *vol. in-*12.

437. Recueil de Voyages qui ont servi à l'établissement & aux progrès de la Compagnie des Indes Orientales.

HISTOIRE.

Rouen, 1725, 9 volumes in-12.

2438. Voyage de Gautier Schouten aux Indes Orientales. *Rouen*, 1725, 2 vol. in-12.

2439. Voyages & Aventures de François le Guat en deux Isles désertes des Indes Orientales. *Londres*, (*Rouen*) 1721, 2 vol. in-12.

440. Relation d'un Voyage de Constantinople. *Paris*, 1681, in-12.

441. L'Ambassade de la Compagnie Orientale des Provinces unies, vers l'Empereur de la Chine, mise en François par J. le Carpentier, & enrichie de figures en Taille-douce. *Leyde*, 1665, in-fol.

442. Ambassades mémorable de la Compagnie des Indes Orientales des Provinces unies, vers l'Empereur du Japon, avec figures en Taille-douce. *Amst.* 1680, in fol.

443. Histoire générale des Voyages & & Conquêtes des Castillans, dans les Isles & terre ferme des Indes Occidentales, traduite de l'Espagnol d'Ant. d'Herrera, par N. de la Coste. *Paris*, 1659, 3 vol. in4°.

444. Relation abregée d'un Voyage fait

HISTOIRE.

dans l'intérieur de l'Amerique méridionale, par M. de la Condamine. *Paris*, 1744, *in* 8°.

445. Journal du Voyage fait, par ordre du Roi, à l'Equateur, par le même. *Paris, de l'Imprimerie Royale* 1751, *in*-4°. *v. m. filets.*

446. Journal du Voyage de Siam, fait en 1685 & 1686, par l'Abbé de Choiſi. *Paris, Cramoiſi*, 1687, *in*-4°.

447. Voyages de Jean Ovington, à Surate, &c. *Paris*, 1725, 2 *vol. in*-12.

448. Voyages de François Coreal, aux Indes Occidentales. *Paris*, 1722, 2 *vol. in*-12.

449. Nouveau Voyage aux grandes Indes, par Luillier. *Rotterd* 1726, *in*-4°.

450. Voyages de Syrie & du Mont-Liban, par de la Roque. *Paris*, 1722, 2 *vol. in*-12.

451. Voyage de Texeira ou l'Hiſtoire des Rois de Perſe, par Cotolendi. *Paris*, 1681, 2 *vol. in*-12.

452. Voyage de François Bernier, contenant la deſcription des Etats du Grand Mogol. *Amſt.* (*Rouen*) 1710, 3 *vol. in*-12.

453. Voyage & Avantures de Jacques

HISTOIRE.

Massé. *Bourdeaux*, 1710, *in*-12.

1.15 454. Relation du Voyage fait en Egypte, par Granger en 1730. *Paris*, 1745, *in*-12.

2.10. 455. Voyage dans la Palestine, par de la Roque. *Amst. (Rouen)* 1718, *in*-12.

456. Les Voyages de Jean Struys, en Moscovie. *Lyon.* 1682, 3 *vol. in*-12.

. . 457. Voyage ou Nouvelle d'écouverte d'un très-grand Pays, dans l'Amérique, entre le Nouveau Mexique & la Mer Glaciale. *Amst.* 1704, *in*-12.

3.. 458. Relation du Voyage de la Mer du Sud, aux Côtes du Chili, du Pérou & du Brésil, par Frezier. *Amst.* 1717, 2 *vol. in*-12.

1.10 459. Nouvelle Relation contenant les Voyages de Thomas Gage. *Amsterd.* 1721, 2 *vol.in*-12.

1.. 460. Relation d'un Voyage de la Mer du Sud, Détroit de Magellan, &c. par Frager. *Amst.* 1715, *in*-12.

1... 461. Voyages & Découvertes de la Nouvelle France, par Champlin. *Paris*, 1627. *in*-12.

2.1 462. Voyage de Marseille, à Lima, par Duret. *Paris*, 1720, *in*-12.

1.. 463. Les Voyages de Lionnel Waffer, traduits de l'Anglois, de Montirat. *Paris*, 1706, *in*-12.

HISTOIRE.

464. Nouveau Voyage aux Isles de l'A-
mérique, par le P. Labat. *Paris*, 1722,
6 vol. in-12.
465. Journal d'un Voyage sur les côtes
d'Afrique & aux Indes d'Espagne.
Amst. 1730, *in*-12.
466. Recueil de Voyages de M. The-
venot. *Paris*, 1692, *in*-8°.
467. Relations de divers Voyages cu-
rieux donnés aux public, par les soins
de Melch. Thevenot, avec figures.
paris 1696. 2 *vol. in-fol.*

HISTOIRE UNIVERSELLE.

468. Le grand Théâtre Historique,
ou nouvelle Histoire Universelle, tant
Sacrée que Prophane, depuis la créa-
tion du monde jusqu'au commence-
ment du XVIIIe. Siecle. *Leyde.* 1703.
4 *vol. in-fol. rel. en trois.*
469. Le Partere Historique, ou l'Abregé
de l'Histoire Universelle composé en
Latin par le P. Jean de Bussieres, &
mis en François par le même. *Lyon.*
1682. 2 *vol. in*·12.

HISTOIRE.

3. 479. Abregé de l'Histoire Universelle, depuis Charlemagne jusqu'à Charles-

10.19 470. Discours sur l'Histoire Universelle, par Messire J. B. Bossuet, Evêque de Meaux. *Paris*, 1732. *in*-4°. G. P.

3.1 471. Introduction à l'Histoire de l'Europe, par Puffendorf. *Leyde*, 1710. 4 *vol. in*-12.

7. 472. Histoire du seiziéme siécle, par Durand. *la Haye*. 1734. 4 *vol. in* 12.

8. 473. Les intérêts présens des Puissances de l'Europe, par Rousset. *La Haye.* (*Trévoux*) 1734. 14 *vol. in*-21.

5. 474. Anecdotes Historiques, Militaires & Politiques de l'Europe depuis l'élévation de Charles-Quint, jusqu'au Traité d'Aix la-Chapelle. *Amst.* (*Paris*) 1753. 2 *vol. in*-12.

—475. Histoire naturelle de l'Univers, par Colonne. *Paris*, 1734. *in*-12.

1.1 476. — La même 12 *vol.*

—477. Abregé de l'Histoire Universelle depuis le commencement du monde, jusqu'à l'Empire de Charlemagne, trad. du Latin de Jean Leclerc. *Amst.* 173 . *in*-12.

1.10 478. Abregé Chronologique de l'Histoire Universelle Sacrée & Profane, par le P. Petau. *Paris*, 1682. 3 *vol. in*-12.

HISTOIRE. 57
Quint, par M. de Voltaire. *Lond.* 1753.
2 *vol. in-*12.

HISTOIRE ECCLÉSIASTIQUE.

480. Histoire de l'Église depuis 25.19
Jesus-Christ jusqu'apréfent, par Basnage. *la Haye*, 1723. 2 *vol. in-fol.*
481. Histoire de l'Église en abregé, par 1.16
demande & par réponses, depuis le commencement du monde jusqu'aprésent. *Paris*, 1714. 4 *vol. in-*12.
482. Les Mœurs des Israélites, par M. 1.16
Fleury. *Paris*, 1683. *in-*12.
483. Histoire de Theodose le Grand, 3.19
par M. Flechier. *Paris*, 1682. *in-*12.
484. Histoire du Concile de Trente de 4.19
Fra Paolo Sarpi, trad. par Amelot de la Houssaye. *Amst.* 1686. *in-*4°.
485. Histoire des Révolutions arrivées 16.
dans l'Europe en matiere de Religion, par Varillas. *Paris*, 1686. 6 *vol. in-*4°.
486. Histoire des Conclaves, depuis 6.19
Clément V. jusqu'apréfent. *Cologne*, 1703. 2 *vol. in-*12.
487. Conclavi de Pontefici Romani. 1.4
1667. *in-*4°.

488. Histoire du Calvinisme, par Maimbourg. *Paris*, 1682, 2 *vol. in*-12. *en un*.

489. Critique générale de l'Histoire du Calvinisme de Maimbourg. *Ville-franche*. 1684. 4 *vol. in*-12.

490. Traité des Superstitions, par J. B. Thiers. *Paris*, 1679. *in*-12.

491. Les Moines empruntés, par Pierre Joseph. 1698. *in*-12.

492. Histoire du Pontificat de Saint Leon le Grand, par Maimbourg. *Paris*, 1687. *in*-4°.

493. Les Histoires du sieur Maimbourg contenant l'Histoire de l'Arianisme, des Iconoclastes, du Schisme des Grecs, des Croisades, de la décadence de l'Empire, du Schisme d'Occident, du Luthéranisme, du Calvinisme, de la Ligue, des Prérogatives de l'Eglise de Rome & de ses Evêques. *Paris*, 1686. 12 *vol. in*-4°.

494. Histoire Secrete des Templiers ou Chevaliers de Malte. *Amst.* 1730. 2 *vol. in*-12.

495. Histoire de Malthe, par M. l'Abbé de Vertot. *Amst.* 1742. 5 *vol. in*-12. *mar. rouge.*

496. Les Vies, Faits & Gestes des Saints

HISTOIRE.

Peres, Empereurs & Rois de France, par Jean Platine. *Paris.*

497. Les Fleurs des Vies des Saints des Fêtes de toute l'année, recueillies par le P. Ribadeneira. *Rouen.* 1668. *2 vol. in-4°.*

498. Le Myſtere d'iniquité, c'eſt à-dire, l'Hiſtoire de la Papauté, par Philippes de Mornay. *Saumur.* 1611. *in-fol.*

499. Cérémonies & Coûtumes Religieuſes des Peuples Idolâtres, repréſentées par des figures de B. Picart, avec une explication hiſtorique & quelques diſſertations curieuſes. *Amſt.* 1723. *9 vol. in fol.* G. P. *tr. dor.*

HISTOIRE ANCIENNE,

GRECQUE

ET ROMAINE.

500. Histoire des Juifs, écrite par Flavius Joſeph, trad. du Grec, par Arnauld d'Andilly, enrichie de figures en taille-douce. *Amſt.* 1700. *in-fol.*

HISTOIRE.

501. Histoire Ancienne, par M. Rollin. *Paris*, 1733. 14 *vol. in*-12.

502. Histoire Universelle de Diodore de Sicile, traduite en François par M. l'Abbé Terasson. *Paris*, 1737. 7 *vol. in*-12.

503. Les Histoires d'Hérodote, trad. en Franç. par Duryer. *Paris*, 1713. 2 *vol. in*-12.

504. Histoire de Philippe & d'Alexandre le Grand, Rois de Macédoine, par le sieur de Bury. *Paris*, 1760. *in*-4°. *mar. rouge.*

505. Vie de l'Empereur Julien (par l'Abbé de la Bletterie). *Paris*, 1735. 2 *vol. in*-12.

506. Vies des Grands Capitaines de la Grece, trad. de Cornelius Nepos, par Jean Henry. *Paris*, 1697. *in*-12.

507. Mémoires Historiques & Géographiques du Royaume de la Morée, par P. Coronelli. *Amst.* 1686. *in*-12.

508. Description exacte des Isles de l'Archipel & de quelqu'autres adjacentes, trad. du Flam. d'O Dapper. *Amst.* 1703. *in-fol.*

509. Athènes ancienne & nouvelle, & l'état présent de l'Empire des Turcs,

HISTOIRE.

par le S^r. de la Guilletine *Paris*, 1675. *in*-12.

510. Hiſtoire Romaine de Tite-Live, trad. de Lat. en Franç. par Ant. de la Faye. *Geneve.* 1609. *in fol.*

511. Les Hiſtoires de Polybe avec les Fragmens & Extraits du même Auteur contenant la plus part des Ambaſſades, trad. par Duryer. *Paris*, 1670. 4 *vol. in*-12.

512. Valere-Maxime ou les actions & paroles remarquables des Anciens. *Paris*, 1713. 2 *vol. in*-12.

513. Les Œuvres de Tacite, de la trad. de N. Perrot S^r. Dablancourt. *Paris*, *in*-4°.

514. Batavorum cum Romanis bellum a Corn. Tacito lib. IV. & V. Hiſt. olim deſcriptum figuris nunc Æneis expreſſum autore Othone Vænio. *Antverpiæ.* 1612. *in*-4°. *oblong.*

515. Le Tacite François, ou Sommaire de l'Hiſtoire de France, par de Ceriziers. *Paris*, 1659. 2 *vol. in*-12.

516. Diſcours Hiſtoriques, Critiques & Politiques ſur Tacite, trad. de l'Angl. de Gordon. *Amſt.* 1749. 2 *vol. in*-12.

517. Les Commentaires de Céſar, de la

traduction de N. Perrot, Sieur d'Ablancourt. *Amst.* 1688. *in*-12.

518. Histoire Romaine, par Coeffeteau. *Paris*, 1734. 6 *vol. in*-12.

519. Histoire de la Guerre des Romains contre Jugurta, Roi des Numides, & Histoire des Conjurations de Catilina, Ouvrage de Saluste, trad. en Franç. *Paris*, 1713. *in*-12.

520. Histoire du Premier Triumvirat, depuis la mort de Catilina, jusqu'à celle de Cesar. *Paris.* 1683. 3 *vol. in*-12.

521. Histoire de Ciceron, tirée de ses écrits & des monumens de son siécle, (par l'Abbé Prevost.) *Paris*, 1743. 2 *vol. in*-12.

522. Histoire de Scipion l'Affriquain, avec les Observations de M. le Chevalier Folard, sur la Bataille de Zama. *Paris*, 1752. *in*-12.

523. C. Suetone, de la Vie des douze Cesars, avec leurs Portraits en tailledouce. *Paris*, 1763. 2 *vol. in*-12.

524. Histoire des grands Chemins de l'Empire Romain, par Nic. Bergier. *Paris*, 1628. *in*-4°.

525. Histoire Universelle de Trogue Pom-

HISTOIRE. 63

pée, réduite en abregé par Juſtin, par M. D. L. M. *Paris*, 1693. 2 *vol. in*-12.

526. Hiſtoire d'Auguſte, par de Larrey. 4.10 *Rotterd.* 1690, *in*-12.

527. Hiſtoire de la Vie de Jules-Céſar, 7.19 par le ſieur de Bury. *Paris*, 1758, 2 *vol. in*-12. *mar. roug.*

528. Mémoires du Marquis de Maffei. *La* 4.16 *Haye*, 1740, 2 *vol. in*-12.

529. Hiſtoire de la Ligue, de Cambray. — *Paris*, 1728, 2 *vol. in*-12.

530. Hiſtoire des Rois des deux Siciles 2.. de la Maiſon de France, par M. d'Egly. *Paris*, 1741, 4 *vol. in*-12.

531. Hiſtoire de la Révolution du Royau- 2.10 me de Naples, dans les années 1647, 1648, par Mademoiſelle de Luſſan. *Paris*, 1757. 4 *vol. in*-12.

532. Etat & menu général de la Mai- 8.19 ſon de Madame l'Infante, année 1725. *in*-4°. *m. f.*

533. Les Délices de l'Italie. *Amſterdam* — (*Rouen*) 1743, 4 *vol. in*-12.

534. —Les mêmes, par Rogiſſard. *Amſt.* (*Rouen*) 1743, 4 *vol. in* 12.

535. Delle Delicie del fiume Brenta eſ- 5.1 preſſe ne Palazzi e caſini ſituati ſopra le ſue ſponde dalla ſboccatura nella

64 HISTGIRE.
laguna di Venezia fino alla Citta di Padoua disegnate ed incise da G. F. Costa. *Venezia*, 1750, *in-fol. oblong*.

3.2 536. Li Giardini di Roma con le loro Piante alzate è vedute in prospettiva disegnate ed intagliate da G. B. Falda dati in luce con direttione di Rossi. *in Roma, in-fol. oblong*.

9.. 537. Le fontane di Roma nelle Piazze è luochi publici della cita disegnate & intagliate da G. B. Falda date in luce con direttione è cura da Giacomo Rossi. *in- Roma, 2 vol. in-fol. obl.*

7...538. Il Quarto Libro del nuovo Teatro delli Palassi in prospettiva di Roma moderna disegnato & intagliato da Aless. Sppechi con direttione è cura di Dom Rossi. *in Roma*, 1699, *in-fol. obl.*

3.15 539. Vestigi delle Antichita di Roma, Tivoli, Pozzuolo & altri luochi. Stampati da Ægidio Sadeler. *in Praga*, 1606 *in-4°. oblong*.

HISTOIRE.

HISTOIRE DE FRANCE

540. ABREGÉ chronologique de l'Histoire de France, par Mezerai. *Paris*, 1717, 10 *vol. in-*12.

541. Abregé chronologique de l'Histoire de France, sous les Régnes de Louis XIII & Louis XIV. *Amst.* 1736, 2 *vol. in-*12.

542. Histoire de France, par M. l'Abbé Velly, continuée par M. Villaret. *Paris*, 1755 & 1761, 10 *vol. manque le dernier volume.*

543. Nouvel abrégé chronologique de l'Histoire de France (par M. le Président Haynault). *Paris*, 1744, *in-*8°.

544. Les Œuvres d'Estienne Pasquier. *Amst.* 1723, 2 *vol. in-fol.*

545. Histoire & Régne de Charles VI, par Mademoiselle de Lussan. *Paris*, 1753, 9 *vol. in-*12.

546. Histoire de Charles VII. *Paris*, 1754, 2 *vol. in-*12.

547. Mémoires de Philippes de Commines, par Godefroy. *Bruxelles*, 1714, 4 *vol. in-*8°.

E

HISTOIRE.

548. Histoire de Louis XI, par M. Duclos. *Paris*, 1745, 3 *vol. in*-12.

549. La même, par Varillas. *Paris*, 1689, 2 *vol. in*-4°.

550. Lettres du Roi Louis XII, & du du Cardinal d'Amboise. *Bruxel.* 1712, 4 *vol. in*-12.

551. Histoire de Louis XII, par Varillas. *Paris*, 1688, 3 *vol. in*-4°.

552. Histoire de François premier, par le même. *Paris*, 1685, 2 *vol. in*-4°.

553. Histoire de Henri second, par le même. *Paris*, 1692, 2 *vol. in*-4°.

554. Histoire de Charles VIII, par le même. *Paris*, 1691, *in*-4°.

555. Histoire de Charles IX, par le même. *Paris*, 1683, 2 *vol. in*-4°.

556. Histoire de Henri trois, par le même. *Paris*, 1694, 3 *v. in*-4°. *rel. en deux.*

557. Journal de Henri III, Roi de France & de Pologne, par Pierre de Lestoile. *La Haye (Paris)* 1744, 5 *vol. in*-8°.

558. Journal du Regne de Henri IV, par le même. *La Haye (Paris)* 1741, 4 *vol. in*-8°.

559. Histoire universelle de J. Aug. de Thou, depuis 1543, jusqu'en 1607,

HISTOIRE. 67

traduite fur ledit. lat. de Londres (par l'Abbé Desfontaines) *Londres (Paris)* 1734, 16 *vol. in-*4°.

560. Hiſtoire des Guerres Civiles de France, traduit. de l'Italien de H. C. Davila, par J. Baudouin. *Paris,* 1660, 4 *vol. in-*12.

561. Mémoires pour ſervir à l'Hiſtoire de France, depuis 1515, juſqu'en 1611. *Cologne,* 1719, 2 *vol. in*-8°.

562. Vie de Louis Balbe-Breton de Crillon, ſurnommé le Brave, ou Mémoires des Régnes de Henry II, François II, Henry III & Henry IV, par Madlle. de Luſſan. *Paris,* 1757, *vol. in-*12.

563 Les Avantures du Baron de Foeneſte, par d'Aubigné. 2 *vol. in*-8°. *en un.*

564. Mémoires de Maximilien de Bethune, Duc de Sully, mis en ordre avec des remarques, par M. L. D. L. (l'Abbé de l'Ecluſe). *Londres (Paris)* 1745, 4 *vol. in*-4°. *Les figures & les portraits forment le quatriéme volume.*

565. Hiſtoire de la Mere & du Fils; c'eſt-à-dire, de Marie de Médicis, femme du Grand Henry & Mere de Louis XIII, par Mezerai. *Amſterd. (Paris)* 1731, 2 *vol. in-*12.

E ij

68 HISTOIRE.

10.18 566. Mémoires pour servir à l'Histoire d'Anne d'Autriche, Epouse de Louis XIII, par Madame de Motteville. *Amsterd.* (*Paris*) 1739, 6 *vol. in*-12.

10.19 567. Mémoires de Mademoiselle de Montpensier *Anv.* 1730, 7 *vol. in*-12.

2.5 568. Lettres du Cardinal de Richelieu. *Paris* (*Rouen*) 1686, 2 *vol. in*-12.

1.11 569. Recueil de Piéces pour la défense de la Reine, Mere du Roi très-Chrétien, Louis XIII, par Messire Mathieu de Morgues. *Sur la derniere copie imprimée à Anvers* 1643, *in*-4°.

8.. 570. Mémoires du Cardinal de Retz. *Amst.* (*Rouen*) 1718, 5 *vol. in*-12.

1.10 571. Mémoires de M. de la Porte. *Geneve*, 1755, *in*-12.

1.10 572. Lettres de Louis XIV au Comte de Briord. *La Haye*, 1728, *in*-12.

3.15 573. Mémoires du Maréchal de Tourville. *Amst.* (*Rouen*) 1742, 3 *vol. in*-12.

3.2 574. Mémoires du Comte de Forbin. *Amst.* (*Paris*) 1748, 2 *vol. in*-12.

1.11 575. Mémoires de M. D. L. R. *Cologne*, 1663, *in*-12.

—576. Mémoires & Réflexions sur les Principaux événemens du Régne de Louis XIV. *Amst.* 1734, *in*-12.

HISTOIRE.

577. La vie de Jean-Baptiste Colbert, Ministre d'État sous Louis XIV. *Cologne*, 1685, *in-*12.

578. Histoire du Vicomte de Turenne, par Raguenet. *Paris*, 1742, 2 *vol. en un in-*12.

579. Histoire du Ministere du Cardinal Mazarin, décrite par le Comte Galeazo-Gualdo-Priorato. *Amst.* 1671, 2 *vol. in-*12.

580. Mémoires & Reflexions sur les principaux événemens du Régne de Louis XIV, par M. le Marquis de la Fare. *A Rotterdam.* 1716, *in-*12.

581. Recueil des Testamens Politiques de Richelieu, du Duc de Lorraine, de Colbert & de Louvois. *Amst.* 1749, 4 *vol. in-*12.

582. Histoire de la Vie du Régne de Louis XIV, publiée par M. Bruzen de la Martiniere. *La Haye*, 1740, 5 *vol. in-*4°. *écaille. filets.*

583. Le siécle de Louis XIV, par M. de Voltaire. *Francfort*, 1753, 5 *vol. in-*12.

584. Le même publié par M. de Francheville. *A Leypsik*, 1752, 2 *vol. in-*12.

585. Mémoires du Duc de Villars. *La Haye* 1734, *in-*12.

HISTOIRE.

586 Lettres de Filtz-Moritz fur les affaires du temps, traduites de l'Angleterre, par M. de Garnefai. *Rotterd.* (*Rouen*) 1718, *in*-12.

587. Mémoires de M. du Guai-Trouin. (*Paris*) 1740, *in*-4°.

588. Defcription des Fêtes données, par la Ville de Paris à l'occafion du Mariage de Madame Louife-Elizabeth de France & de Dom Philippe, Infant & grand Amiral d'Efpagne. *Paris*, 1740, *in-fol.* G. P. tranc. dor.

589. Journal hiftorique de la derniere Campagne de l'armée du Roi en 1746. *La Haye*, 1747. *in*-12.

590. Hiftoire des Campagnes du Roi. *Paris*, 1751, *in-fol.*

591. Détail de la France, année 1707. *in*-12.

592. Etat de la France. *Paris*, 1747, 6 vol. *in*-12. *veau fauve trois fil.*

593. Hiftoire Générale de la Marine. *Paris*, 1744, 2 vol. *in*-4°.

594. Hiftoire du Traité de Weftphalie par le P. Bougeant, *Paris*, 1744, 6 vol. *in*-12.

595. Plans & Profils des Villes conquifes par Louis le Grand, deffinés par le

HISTOIRE.

fieur de Beaulieu, ingénieur. *Paris*, 2 *vol. in*-4°. *oblongs*.

596. Essais Historiques sur Paris, (par M. de St. Foix.) *Paris*, 1759, 3 *vol. in*-12.

597. Dictonnaire des Postes, par Guyot. *Paris*, 1746, *in*-4°.

HISTOIRE D'ESPAGNE
ET DE PORTUGAL.

598. Histoire du ministere du Cardinal Ximenes, par Marsolier. *Paris*, 1752. 2 *vol. in*-12.

599. Le Royaume d'Espagne représenté en Cartes Géographiques & en tailles-douces. *Leyde. Vander. Aa. in fol. oblong.*

600. La Vie de Philippes II. Roi d'Espagne, trad. de l'Histoire de Gregorioleti. *Amst. Paris*, 1734, 6 *vol. in*-12.

601. Délices de l'Espagne & du Portugal, par Don Juan Alvarez de Colmenar. *Leyde.* 1707. 5 *vol. in*-12.

602. Histoire des deux Conquêtes d'Espagne par les Mores, trad. de l'Arabe, par Miguel de Luna, & mis de nouveau

E iiij

en François par D. G. A. L. *Paris*, 1708, *in*-12.

6... 603. Histoire Général du Portugal, par M. de la Clede. *Paris*, 1735, 8 *vol. in*-12.

6.1 604. Mémoires pour servir à l'Histoire d'Espagne sous le regne de Philippes V. par D. Vincent Baccalary Sanna, Marquis de S. Philippes, traduit de l'Espagnol. *Amst.* 1756, 4 *vol. in*-12.

8.. 605. Histoire du Cardinal Alberoni jusqu'à la fin de 1719. *la Haye.* 1720. 2 *vol. in*-12.

—606. Testament Politique du même. *Lauzanne.* 1753. *in*-12.

HISTOIRE D'ALLEMAGNE

ET DES PAYS-BAS.

1.. 607. ANNALES de l'Empire depuis Charlemagne, par l'Auteur du Siécle de Louis XIV. *Basle.* 1753. *in*-8°.

1..608. Histoire de Charlemagne, par M. de la Bruere. *Paris*, 1745. 2 *vol. in*-12.

HISTOIRE.

609. Histoire de l'Empereur Charles VI. *Amst.* 1743. 2 *vol. in*-12.
610. Tableau du Gouvernement actuel de l'Empire d'Allemagne, ou le Droit public de l'Empire, par J. J. Chmaun. *Paris*, 1755, *in*-12.
611. Histoire de Geneve, par M. Spon. *Geneve.* 1730. 4 *vol. in*-12.
612. Histoire Général des Pays-Bas. *Bruxelle.* 1720. 4 *vol. in*-8°.
613. Histoire du Stadhouderat, par M. l'Abbé Raynal. *la Haye*, 1748. *in*-12.
614. Histoire de la République des Provinces-Unies des Pays-Bas. *la Haye.* 1704. 4 *vol. in*-12.
615. Mémoires très-fideles & très-exacts des expéditions militaires qui se sont faites en Allemagne, en Hollande & ailleurs depuis le Traité d'Aix la Chapelle, jusqu'à celui de Nimegue. *Paris*, 1734. 2 *vol. in*-12.

HISTOIRE D'ANGLETERRE
ET DU NORD.

9·· 616. Histoire de l'Expédition de l'Amiral Byng dans la Sicile en 1718, 1719 & 1720. *Paris*, 1744. *in*-12.

—617. Histoire des Révolutions d'Angleterre depuis le commencement de la Monarchie, par le P. d'Orléans. *la Haye*, 1729. 2 *vol. in*-4°. *rel. en un.*

3·· 618. Sommaire de tout ce qui s'est passé de plus mémorable en Angleterre depuis l'année 1640. jusques au premier Janvier 1650. *Paris*, 1750, *in*-4°.

—619. Histoire du Schisme d'Angleterre de Sanderus, trad. en Franç. par Maucroix, *Paris*, 1678, *in*-12.

6.2 620. Histoire de la réformation de l'Église d'Angleterre, trad. de l'Angl. de Burnet, par de Rosemont. *Amst.* 1687. 4 *vol. in*-12.

2··12 621. Histoire du Parlement d'Angleterre, par M. l'Abbé Raynal. *Paris*, 1748, *in*-12.

HISTOIRE.

622. Relation de la conduite que la Duchesse de Malborough a tenu à la Cour depuis qu'elle y entra, jusqu'en 1710, trad. de l'Angl. *la Haye.* 1742. *in-*12. — 1.16

623. Histoire de Henri VII. Roi d'Angleterre, par de Marsolier. *Paris,* 1724. 2 *vol. in-*12. — 1.10

624. L'État présent de la Grande Bretagne sous le regne de George I. *Amst.* 1723. 3 *vol. in-*12. — 2.

625. Les délices de la Grande Bretagne, & de l'Irlande, par James Becverell. *Leyde,* 1707. 9 *vol. in-*12. — 12.13

626. Histoire des Pirates Anglois depuis leur établissement dans l'Isle de la Providence jusqu'aprésent, trad. de l'Angl. du Capitaine Johnson. *Paris,* 1726. *in-*12. — 16

627. Mémoires & Instructions pour les Ambassadeurs, ou Lettres & Négociations de Walsingham. trad. de l'Angl. *Amst.* (*Rouen*) 1717. 4 *vol. in-*12. — 4.

628. La Politique de la Maison d'Autriche. *Paris,* 1758, *in-*12. — 1.5

629. Histoire des Révolutions de Hongrie. *la Haye.* 1739 6 *vol. in-*12. — 5.10

630. Histoire des Révolutions de Suede, — 2.10

HISTOIRE.

par M. l'Abbé de Vertot. *Paris*, 1730, 2 *vol. in-*12.

6.. 631. Rélation Historique de Pologne, par le sieur de Hauteville. *Paris*, 1686. *in-*12.

— 632. Histoire de J. Sobieski, Roi de Pologne, par l'Abbé Coyer. *Paris*, 1761. 3 *vol. in-*12.

HISTOIRE D'ASIE.

35.19 633. Bibliotheque Orientale, par Dherbelot. *Paris*, 1697, *in-fol.*

9.. 634. Abrégé de l'Histoire des Turcs, par du Verdier. *Paris*, 1662, 2 *vol. in-*12.

— 635. Histoire de l'Empire Ottoman, traduit de l'It. de Sagredo, par Laurent. *Amst.* 1724, 6 *vol. in-*12.

4.16 636. — La même. *Paris*, 1724, 6 *vol. in-*12.

1.4 637. Mémorie istoriche de Monarchi Ottomani di Giov. Sagredo. *Venesia*, 1673, *in-*4°.

20.. 638. Description de l'Arabie, des mœurs des Arabes, des Villes de la Mecque & de Médine, l'Histoire Ancienne du

HISTOIRE.

Pays, l'état des Religions, & les Coûtumes au temps de Mahomet. *in-fol. m. f. mar. roug.*

639. Mémoires du sieur de la Croix. *Paris,* 1684, 2 *vol. in-*12.

640. Recueil des Rits & Cérémonies du Pélerinage de la Mecque, par M. Galland. *Paris,* 1754, *in-*12.

641. Recueil de cent Estampes représentant différentes Nations du Levant, tirées sur les Tableaux peints d'après nature, par les ordres de M. de Ferriol, & gravées par les soins de M. le Hay. *Paris,* 1714, 2 *vol. in-fol. avec l'explication séparée.*

642. — Le même Livre enluminé. *Paris,* 1715, *in-fol.*

643. Histoire des Arabes sous le Gouvernement des Califes, por M. l'Abbé de Marigny. *Paris,* 1750, 4 *vol. in-*12.

644. Histoire des Sarrasins, traduite de l'Anglois de Simon Ockley, *Paris,* 1748, 2 *vol. in-*12.

645. Histoire de Scanderberg, Roi d'Albanie, par le R. P. du Poncet. *Paris,* 1719, *in-*12.

646. Histoire de Timur-bec, connu sous le nom du Grand Tamerlan, Empereur

78 HISTOIRE.
des Mogols. *Paris*, 1722, 4 *vol. in*-12.

4.. 647. Histoire de la derniere Revolution de Perse. *Paris*, 1718, 2 *vol. in*-12.

6.. 648. Histoire généalogique des Tartares, traduite du Manuscript tartare d'Abulgari-Bayadurchan. *Leyde*. 1726, 2 *vol. vol. in*-12.

2.12 649. Histoire générale de l'Empire du Mogol, depuis sa fondation par le P. le Catrou. *Paris*, 1705. *in*-4°.

5.. 650 Traité historique sur les Amazones, par Pierre Petit. *Leyde*. 1718, 2 *vol. in*-12. en un

12 651. Histoire générale des Goths traduite du Latin de Jornandès, Archevêque de Ravene. *Paris*, 1603, *in*-12.

100.4 652. Description Géographique historique, Chronologique, Politique, & Physique de l'Empire de la Chine & de la Tartarie Chinoise enrichie de Cartes & ornée de figures en Taille-Douce, par le P. du Halde. *Paris*, 1735, 4 *vol. in-fol.*

2.19 653. Nouveaux Mémoires sur l'état présent de la Chine, par le Conte. *Amst.* (Rouen) 1697, 2 *vol. in*-12.

1.10 654. Anciennes Relations des Indes & de la Chine, traduites de l'Arabe, par Renaudot. *Paris*, 1718, *in*-8°.

HISTOIRE.

655. Lettres édifiantes & curieuses écri- 2.10.
tes des Missions étrangeres par quelques missionnonnaires de la Comp. de Jesus, vingt-uniéme, vingt-deuxiéme, vingt-quatriéme, vingt-cinquiéme & vingt-septiéme Recueil. *Paris*, 1724, *& suiv.* 5 *vol. in*-12.

656. Histoire naturelle, Civile & Ec- 3.7 cléfiastique de l'empire du Japon, traduite de l'Allemand de Koempfer. *La Haye*, 1732, 3 *vol. in*-12.

HISTOIRE D'AFFRIQUE.

657. Description de l'Affrique 5.3 traduite du Flamand d'O Dapper. *Amst.* 1686, *in-fol.*

658. Histoire des Revolutions de l'Em- 3.. pire de Maroc, depuis la mort du dernier Empereur Meuley-Ismael. *Amst.* 1731, *in*-12.

659. Relation de la Captivité du sieur 1.4 Maître dans les Royaume de Fez & de Maroc. *Paris*, 1684, *in*-12.

660. Relation des Etats de Fez & de 5.. Maroc. *Paris*, 1726, *in*-12.

80 HISTOIRE.

5.. 661. Histoire des Etats Barbaresques qui exercent la Piraterie. *Paris*, 1757, 2 *vol. in*-12.

6.19 662. Nouvelle Relation de l'Affrique Occidentale, *&c.* par Jean-Baptiste Labat. *Paris*, 1728, 5 *vol. in*-12.

6.. 663. Relation historique d'Abissinie, traduite du Portugais de G. Lobo, par le Grand. *Paris*, 1728, *in*-4º.

12.. 664. Description de l'Egypte, par l'Abbé le Mascrier. *Paris*, 1735, *in*-4º.

3.13 665. Description historique & géographique des plaines d'Heliopolis & de Memphis. *Paris*, 1755.

3.18 666. Histoire de Saladin Sultan d'Egypte & de Syrie, par M. Marin. *Paris*, 1758, 2 *vol. in*-12.

4.4 667. Description du Cap de bonne Espérance, par Kolbe. *Amst.* 1724, 3 *vol. in*-12.

HISTOIRE D'AMERIQUE.

668. Histoire des Avanturiers-Flibuſtiers, par Alexandre Olivier-Oexmelin. *Trevoux*, 1744, 4 *vol. in*-12. 6.6

669. Hiſtoire naturelle & Geographique de l'Orenoque, par le P. Joſ. Gumilla. *Paris*, 1758, 3 *vol. in* 12. 3.

670. Relation de la Riviere des Amazones, par M. de Gomberville. *Paris*, *in*-12. 1682, 2 *vol.* 1.4

671. Hiſtoire de la conquête du Mexique, traduite de l'Eſpagnol d'Antoine de Solis. *Paris*, 1730, 2 *vol. in*-12. 2.8

672. La même. *Paris*, 1691, *in*-4°... 7...

673. Hiſtoire de la Conquête de la Floride, &c. par P. Richelet. *Paris*, 1719, *in*-12. .16

674. Hiſtoire de la conquête du Pérou, trrduite de l'Eſpagnol d'Auguſtin de Zarate, par S. D. C. *Paris*, 1716, 2 *vol. in*-12. 2.8

675. L'Amérique Angloiſe, &c. *Amſt.* 1688. *in*-12.

676. Mœurs des Sauvages amériquains, comparées aux Mœurs des premiers temps, par le P. Laffiteau. *Paris*, 1724, 4 *vol. in*-12. 5.16

F

82 HISTOIRE.

2.4 677. Histoire des Tremblemens de terre arrivés à Lima. *La Haye*, 1752, 2 vol. *in*-12.

7... 678. Histoire de l'Amerique Septentrionale, par M. de Bacqueville. *Paris,* (*Rouen*) 1722, 4 vol. *in*-12.

9.19 679. Histoire des Navigations aux terres Australes. *Paris*, 1756, 2 vol. *in*-4°.

9.. 680. Histoire du nouveau monde, ou description des Indes Occidentales, par le sieur J. de Laer. *Leyde.* 1640. *in fol.*

19 681. Description Historique du Royaume de Madagascar, par Gervaise. *Ratisb.* 1700. *in*-12.

8.1

HISTOIRE LITTERAIRE.

5.4 682. ANECDOTES Littéraires depuis François I. jusqu'à nos jours. *Paris*, 1752. 3 vol. *in*-12.

4.. 683. Nouvelles de la République des Lettres. *Amst.* 1684. 7 vol. *in*-12.

10.1 684. Observations sur les écrits modernes. *Paris*, 1735, 33 vol. *in*-12.

6.1 685. Bibliotheque Françoise, ou Histoire Littéraire de la France. *Amst.* 1723, 10 vol. *in*-12.

HISTOIRE. 83

686. Mémoires pour l'Histoire des Sciences & des beaux Arts. *Paris*, 1734, *& suiv.* 10 *vol. in*-12.

687. Reflexions fur les Ouvrages de Littérature. *Paris*, 1736, 11 *vol. in*-12.

688. Le Pour & Contre, Ouvrage Périodique, (par l'Abbé Prevoſt) *Paris*, 1733. 3 *vol. in*-12.

689. Le Nouvelliſte du Parnaſſe ou Réflexions fur les Ouvrages nouveaux. *Paris*, 1732, 3 *vol. in*-12.

690. Lettres fur quelques écrits de ce tems, par M. Freron. *Paris*, 1752, *vol. in*-12.

691. L'année Littéraire, par le même. *Paris*, 1754. *&* 1755. 15 *vol. in*-12.

692. Jugemens fur quelques Ouvrages nouveaux, *Avignon*, (*Paris*) 1744. 11 *vol. in*-12.

693. La France Littéraire ou les Beaux Arts, (par M. l'Abbé de la Porte) *Paris*, 1756. *in*-18. *Mar. roug.*

VIES DES HOMMES ILLUSTRES.

694. Les Hommes Illuſtres Grecs & Romains, comparés l'un à l'autre par

Plutarque, trad. du Grec en François, par Amyot. *Paris*, 1645, 2 *vol. in-fol.*

695. Les Œuvres morales de Plutarque, trad. du Grec en Franç. *Paris*, 1645, 2 *vol. in-fol.*

696. Les Eloges des Sçavans, tirés de l'Histoire de M. de Thou, par Teissier. *Utrech.* 1697. 2 *vol. in-12.*

697. Vies des Premiers Peintres du Roi, depuis M. le Brun, jusqu'apréfent. *Paris*, 1752. *deux vol. en un. mar. roug. fil.*

698. La vie de Mahomet, par Jean Gagnier. *Amst.* 1722. 2 *vol. in-12.*

699. La Vie de Socrate, par Charpentier. *Amst.* 1689. *in-8°.*

700. La Vie de Moliere. *Amst.* 1705. *in.12.*

701. Essais sur les honneurs & sur les Monumens accordés aux Illustres Sçavans pendant la suite des siécles, par M. Titon du Tillet. *Paris*, 1734. *in-12.*

702. Histoire de Dion Cassius de Nicée, *Paris* 1674. 2 *vol. in-12.*

703. Histoire de Ptolomée Auletes, Dissertation sur une Pierre gravée antique du Cabinet de Madame. *Paris*, 1688, *in-12.*

HISTOIRE.

MÉLANGES HISTORIQUES.

704. Dictionnaire Historique & Critique, par P. Bayle. *Rott.* 1720. 4 *vol. in-fol.*

705. Le Grand Dictionnaire Historique par Morery. *Paris*, 1704. 4 *vol. in-fol.*

706. — Le même. *Paris* 1732. 10 *vol. in-fol.*

707. Supplément aux anciennes éditions du même Livre. *Paris*, 1714. *in-fol.*

708. Dictionnaire Historique Portatif, par l'Abbé Ladvocat. *Paris*, 1752. 2 *vol. in-8°.*

709. Receuil A. *Fontenoy.* (*Paris*) 1745. *in-*12.

FIN.

On vendra successivement après les Livres, une très-belle collection de Musique, tant gravée que manuscrite, des plus célèbres Compositeurs François, Italiens, Allemands, &c. Elle consiste en Concertos, Simphonies, Trios, Sonates pour toutes sortes d'Instrumens & Ariettes. On doit en présumer le Choix d'autant meilleur, que le goût y a présidé.

Lu & approuvé le présent Catalogue, le 13 Juillet 1763, LECLERC, Adjoint.

Ordre qui sera suivi dans le cours de la Vente.

Jeudi 28 Juillet.

Théologie, N°. 1. jusqu'au N°. 6, inclusivement.
Sciences & Arts, N°. 42. jusqu'au N°. 66.
Belles-Lettres, N°. 213. jusqu'au N°. 240.
Histoire, N°. . . . 407. jusqu'au N°. 450.

Vendredi 29.

Théologie, N°. . . 7. jusqu'au N°. 12.
Sciences & Arts, N°. 67. jusqu'au N°. 91.
Belles-Lettres, N. 241. jusqu'au N°. 268.
Histoire, N°. . . . 451. jusqu'au N°. 494.

Samedi 30.

Théologie, N°. . . 13. jusqu'au N°. 19.
Sciences & Arts, N°. 92. jusqu'au N°. 116.
Belles-Lettres, N°. 269. jusqu'au N°. 296.
Histoire, N°. . . . 495. jusqu'au N°. 537.

Lundi premier Août.

Jurisprudence, N°. 20. jusqu'au N°. 25.
Sciences & Arts, N°. 117. jusqu'au N°. 140.
Belles-Lettres, N°. 297. jusqu'au N°. 324.
Histoire, N°. . . . 538. jusqu'au N°. 580.

Mardi 2.

Jurisprudence, N°. 26. jusqu'au N°. 31.
Sciences & Arts, N°. 141. jusqu'au N°. 164.
Belles-Lettres, N°. 325. jusqu'au N°. 352.
Histoire, N°. . . . 581. jusqu'au N°. 623.

Mercredi 3.

Jurisprudence, N°. 32. jusqu'au N°. 36.
Sciences & Arts, N°. 165. jusqu'au N°. 188.
Belles-Lettres, N°. 353. jusqu'au N°. 379.
Histoire, N°. . . . 624. jusqu'au N°. 666.

Jeudi 4.

Jurisprudence, N°. 37. jusqu'au N°. 41.
Sciences & Arts, N°. 189. jusqu'au N°. 212.
Belles-Lettres, N°. 380. jusqu'au N°. 406.
Histoire, N°. . . . 667. jusqu'au N°. 709.

www.ingramcontent.com/pod-product-compliance
Lightning Source LLC
LaVergne TN
LVHW052105090426
835512LV00035B/995